Gisela Steineckert · Das Schöne an der Liebe

Gisela Steineckert

Das Schöne an der Liebe

Gedichte

Das Neue Berlin

*Ich danke dem Verlag und meiner Lektorin,
dass sie sich trauen, in dieser Zeit
Gedichte zu drucken.*

ISBN 3-360-00937-1

Rosa-Luxemburg-Str. 39, 10178 Berlin
Umschlagentwurf: Jens Prockat
Druck und Bindung: Wiener Verlag, Himberg

für Wilhelm
nach langen Jahren
mit aller Liebe

Immer, wenn ich sterben wollte
kam mir was dazwischen
hat eine Lust gelockt
aus der Asche aufzufliegen
oder die Karten noch einmal zu mischen

so ließ ich den Tod stehn und liegen
missachtete seine Schlucht
kümmerte mich um mein Stückchen Feld
brach oder ungenügend bestellt
dem Tod geh ich nicht auf den Leim
sing mir eins und geh heim
eiligen Schrittes, 'ne schöne Flucht

Der Himmel ist ein unbeschriebnes Blatt
über einem neuen Frühling
ringsum traut sich alles zu wachsen
zerschunden bin ich, aber angesteckt
jede Beschwer rückt neue Kraft raus
geh ich in mich, kann ich aus mir heraus
denn wir haben uns noch
so bin ich vor Bitterkeit bewahrt

Zynismus gibt mir keine Leichtigkeit
in dieser Zeit der Abschiede
welche gehn zu früh und alle für immer
nie den Winter überleben und den
Frühling nicht mehr sehn
also nehm ich mein Bündel
das zerknüllte Taschentuch stecke ich ein

fliegt kein altes Lied zu mir her
mach ich mir ein neues unter
der blanken Tafel, dem unbeschriebnen Blatt

Du kannst nur altern wie ein Baum
wenn deine Wurzeln nicht verdorren
hältst du die Äste gut versorgt
und ihr Geflecht nicht zu verworren

Du kannst nur altern wie ein Baum
wenn sich noch Schultern an dich lehnen
für deines vollen Schattens Trost
braucht es Erinnern und ein Sehnen

Du kannst nur altern wie ein Baum
lernst du, dich weise zu beschränken
und all der bunten Blätter Fall
darf dich im Lebensnerv nicht kränken

und stehst du einmal nackt und arm
so muss auch diese Zeit dir nützen
tu alles, was dir möglich ist
um deine Wiederkehr zu schützen

Du kannst nur altern wie ein Baum
wenn dich die andern nicht ersticken
so lang in deine hohen Zweige
erwartungsvolle Augen blicken

Doch ob du wert bist, nachzufragen
wie man so groß wird, wem ein Dach
entscheidet sich in jüngren Tagen
wie schön, dir war der Sturm zu schwach

Ich wollte dich ändern
mich aber lassen, wie ich bin
dadurch bin ich anders geworden
ich sah mit deinen Augen
meine Ohren hörten andere Töne
mein Gaumen fand Lust an deinem Geschmack
solch Anderssein tat auch weh
die Seele wollte halten
was gebraucht war bis dahin
aber mancher Rückweg blieb überwachsen
alles ändert sich
das können wir nicht ändern

Es gibt eine Mitte im Leben
wo alles noch möglich ist
du kannst dich noch dreimal erheben
wenn du dreimal gefallen bist

Es gibt eine Mitte im Leben
da hilft dir kein billiges Lob
da zeigen sich saurer die Reben
die dir jeder gern rüberschob

Die Liebe verklärt sich, die erste
mehr Arbeit macht die, die dir blieb
die große ist immer die schwerste
da holst du auch Wasser im Sieb

Es hat einen Anfang gegeben
und Ende wird lange Zeit sein
vielleicht kamst du groß in dein Leben
und wenn du mal gehst, bist du klein

Schwingendes Dämmern
Wort holt sich Wort
mein Herz spür ich hämmern
wohin will es treiben
mir wäre nach Bleiben
doch an welchem Ort

Deutschland, düsteres Vaterland
deine klugen Kinder hast du verbannt
doch wasch ich den Namen Heine wie Gold
schüttelt Gelähmtes urfrisch seine Mähnen
beißt in den Apfel mit scharfen Zähnen

mit Alltag sind wir reich beladen
versehn mit Lach- und Kummerfalten
aber noch unterscheidbar
von krummen Gestalten
wo jeder die Wahrheit als Schminke trägt

Robe oder Kittel sind missbrauchbare Mittel
täuschen über Wege zu Herz und Hirn
Wir hantieren mit kostbarem Gestirn
im Volk, das seine Denker und Dichter
mit Hilfe von grausigem Gelichter
in Flammen oder Jauchen schlug
verstieß, bis das Meer sie
zu fremdem Gestade trug

Sie bleiben Widersacher, Brändeentfacher
böser Lacher, die Schwierigen, Unglatten,
Dornenreichen
denen wir immer zu wenig gleichen
dazu braucht es keine Requisiten
lesen wir aus den Leviten

Der Herbst hat ausgeholt
lange den Atem angehalten
nun überfällt er uns irdische Wichte
mit Farben und Sinnesgewalten
weckt Lieder und romantische Gedichte

So war der Wald schon lang nicht mehr
der Totgesagte schärft die Düfte intensiv
er mahnt uns, es gibt keine Wiederkehr
der Wald unsrer Kindheit und Märchen
unsre Nachtbangnis tief

so wie in unserm Traum das Reh
lebt der Wald nur einmal
und dann nimmermeh'
der Mensch hat zu leichten Sinnes gehandelt
Wetter und Wald haben sich gewandelt
der Herbst gleicht dem Sommer
dem Winter zugleich
als wir noch arm warn, wie warn wir da reich

auf silbern raschelndem Laub
war ich draußen beim Herbst
der hat gerauscht, sieh her und glaub
deiner eigenen Endlichkeit
du und mein Baum, jedes hat seine Zeit

Gebiet deinen törichten Wünschen Halt
ich bin dein wiegender duldender Wald
und kann nur Teil allen Lebens sein

Lange nach dem glühenden Feuerball
gebar mich das All
du kannst mich verletzen
aber keinen Zweig an mir ersetzen
Werd ich durch deinen Überfall
zu einem steinernen Wall
was wird dann sein
dein Herz wird auch zu Stein

Alles kehrt wieder
im Garten der Flieder
die Rosen am Tor
Alles kehrt wieder
bricht keimend hervor

alles kehrt wieder
ob Wasser
ob Schnee
an Himmeln
auf Ästen
dreiblättriger Klee

Alles kehrt wieder
in Träumen
Bild und Gedicht
trennende Worte
bittrer Verzicht

Alles kehrt wieder
Tanz oder Lieder
am Morgen das Licht
Alles kehrt wieder
nie mehr mein junges Gesicht

Das Mensch die Frau sollte wenig über Dreißig
sein
und nicht zu auffällig Mutter
sie braucht den rechten Geburtsort
für 'ne schöne Vita
Sizilianerin, wie das schon klingt
oder Polin oder aus Leuna
ein etwas engeres Herz wär nützlich
Schöpfer, versorg sie mit netter Unterhaltung
wo einer pünktlich kommt und rechtzeitig geht

Wenn die Zeit seiner Blumen abgelaufen ist
mag sie die letzte Rose weinend trocknen
maßvoll, denn strahlende Augen braucht sie
eine biegsame Taille, sie muss
schimmern wie eine russische Birke
darf aber nicht an Borschtsch erinnern
bizarr ohne Trampligkeit
genetischer Lockstoff, der bringts
und ein warmes tiefes Lachen
durch das nur selten die Erfahrung klirrt
mein Leben als Frau begann mit der Streichung
des Satzes: Davon versteh ich nichts

Der Mittag steigt
auf den Straßen laufen Menschen, gut abgefüllt
eine Traube bildet sich am Bus
du in deinen Wintermantel gehüllt
wenn ich dich hier erwischen muss
oder liegst du ganz in der Nähe
vor einer anderen Frau auf den Knien
lässt dich von ihr ins Bette ziehn
mitten in Berlin

Wo du dich neuerdings so oft verläufst
schweigsam Musik hörst, die dir vorher missfiel
Zigaretten vergessen hast du sonst nie
du erklärst mir deine Amnesie
lachst so überraschend, wie du schreist
unser Streiten war immer auch Spiel
jetzt überziehst du meist
du schläfst auch allein, seit letzten Winter
und es steckt wohl eine neue Liebe dahinter
nach so vielen Jahren
von dir selber werd ich alles erfahren
wie es anfing, wie es war, bis zuletzt
noch wirst du wütend, wenn du mich verletzt

Jetzt brauchte sie deine Hilfe
oder bist du nur in ihr Leben gestapft
hast sie angezapft
wie ein Fass Bier
sie die Püppi, du das Tier
anmaßend du, erwartungsvoll sie
die sagt, Männer kennt man doch nie

So weiß sie über die nur das Falsche
über sich selber grübelt sie noch
steigt ins Blaue, fällt in ein tiefes Loch
was nuschelst du, Mann, wirst auch schon kahl
ich hoffe, die da kannst du mal

Na freilich ist die zickig und
so natürlich wie ein Laternenpfahl
dreizehn Mal ein anderer Mann
der alles kann
sauf hier nicht die ganze Kneipe aus
komm, Püppi, ich bring dich raus
so einer, dann doch lieber wieder mal keiner

Es war einmal
Ängste und Kummer
eine Telefonnummer
ein Haustürsummer
es hat nichts ergeben
aber so ist das Leben

Ich gab was auf für ihn
und wollte so nicht sein
den Horizont umfassen
das konnt ich bleiben lassen
ein krauses Gefüge
die Hälfte war Lüge

Es war einmal
wie soll ichs beschreiben
kein Ort, um zu bleiben
kein wirkliches Finden
was war zu verwinden
das Ende eben
aber so ist das Leben

Eines Tages trete ich morgens
auf kühles Gras vor meiner Tür
raus aus den Schuhn
und einmal gar nichts tun
alt genug, vieles zu lassen
und sich auszuruhn

einmal bleiben, nur Verweilen
nicht ans Telefon gehn
nirgendhin eilen
um am End nichts zu verstehn

ich nehme das Buch
das ich zur Hälfte las
suche das große Rosentuch
das ich einmal besaß
habs nicht vermisst unterdessen
worüber das Buch ging, hab ich vergessen

ich hatte ein Lieblingslied
es rauschten zu viele durchs Ohr
eh sich auch das verlor
Manches nur begonnen
heul ich dem nach oder winke ich ab
das Leben war mir wohlgesonnen
gekriegt hab ich mehr, als ich gab

Wie gut, dass wir uns noch einmal begegnet
sind
damals hat ein Richter uns getrennt
wenn man alte Schuld beim Namen nennt
bleibt nur grau in grau
ich war deine Frau und es gab unser Kind

über deine Witze konnte ich nicht lachen
da kann man nichts machen
ich ging unentwegt mit dir ins Gericht
auf Knien hast du deine Fehler bereut
auch das hat mich nicht gefreut
ich liebte dich nicht

nie hast du mich so gerührt
wie nun in deiner Hinfälligkeit
ich möchte Verzeih mir sagen
aber wie auf der Flucht
steigt ein jedes in seinen Wagen

Nichtliebe bleibt eine dunkle Schlucht
ich will nicht, aber alles tut mir leid

Meine alten Ärgernisse
sind es, die ich vermisse
womit ich umgehn konnte, das fehlt
auch wenn es hinterher nicht zählt
wir waren herzlicher und unverwöhnt
die Welt ist auch jetzt nicht offen
mögen die Sinne sich das erhoffen
sie ist ja zutiefst unversöhnt

Ein bisschen Dunkel war
als er dann nach ihr suchte
sie war für seine Hand zu weit
lag einfach da, ganz still, und eh er fluchte
tat sie ihm unerwartet leid

er sah auf einmal ihre blassen kleinen Füße
sie rauchte nicht und war auch nicht mehr laut
die Linien ihres Leibes ohne Süße
und doch, als wär sie nur
verletzbare Haut

und erste Zeichen
dass sie so jung nicht war, wie sie sich gab
und ohne Lüge doch
dass sie die seine
statt immer noch ein fremdes Wesen war

er sagte, Narben
sie hatte keine, doch er weiß es auch nicht mehr
meint nur, es waren zarter
alle ihre Farben
und wie ein Himmel drüber
ihr ungläubiges Gesicht

ein bisschen Dunkel war
als er sie an sich drückte
als wär darin schon Seligkeit
er wollte, dass es sie entzückte
und wollte weg die ganze Zeit

Sie hatte jetzt auf einmal statt der dummen
Phrasen
nur Wörter und die klangen wahr und rau
sie sog die Luft tief wie von grünem Rasen
und sah ihn an, sah ihn und sich
als eine fremde Frau

Es war nicht Liebe
war nicht mal Sehnsucht, ja was war es dann
sie war allein, er auch
schwer zu ertragen
das trieb sie beide in die Nähe von Gefahr

er weiß nicht, was dann
sie hat nur wenig über sich, glaubt er, erzählt
hat nicht wer weiß was da erfunden
irgendeinen Traummann
und doch verschwanden Fältchen
und das kam nicht nur vom Licht

ein bisschen Dunkel war
als sie die Augen schlossen
nun doch ganz nah und Hand in Hand
fern Meer und Gossen
ist eine kleine Fackel da entbrannt

Lass mich im Regen stehn
der wäscht die verlogene Haut
kein Mitleid, keine Geste
wenn nicht alles im Streit verweste
dann werden wir weitersehn

Ich kann nicht nach Haus
hab mich zu weit verrannt
da ich nun an mir leide
bring mir kein Hemd aus Seide
das hilft mir auch nicht raus

Nägel der Reue durchbohrn mein Bett
mach dich eine Weile rar
red nicht von Treue, sei nicht nett
mach dein Schiffchen klar

du musst ohne Erpressung und Sprüche gehn
dann werden wir weitersehn

Kein Samt, keine Seiden
nicht funkelnd wie Gläser
alles vermeiden
sind nur Januargräser

Nicht Blüte noch Scherben
nichts hänge an Fäden
kann alles verderben
ist nur Februarwerben

*I*n dieser Nacht war kein
bedrängender Vollmond
ich sehnte mich nach dir
aber die Entfernung war zu weit
eine Wand zwischen uns

Der Tod wird kommen
und ich kann nicht zu dir fliehen
er hat seine Art zu drohen
und dann hastet er vorbei
gelassen möcht ich ihn erwarten

aber wenn er sich bunt bedeckt
ob ich ihn erkenne
und schließ ich dann
vor dem Knöchernen die Augen
schminke ihn und mich lebendig

Signale von schmerzhafter Wucht
empfange und leugne ich
weiß nicht, ob wir uns je nahe warn
schon wirft er ein andres Leben auf den Karrn
unverhofft und schlecht
ohne dich ist keine Flucht
ohne dich wär er mir recht

Komm, Bruder, lass uns gehn
Zeit für ein andres Paradies
was geschehn kann, ist geschehn

nie mehr Abel, nie mehr Kain
nicht Opfer noch Feind für die anderen sein
die Zeit der Kriege ist nicht vorbei
aber Wege zur Umkehr sind immer frei

Komm, Schwester
Zeit für ein andres Paradies
das keine Liebenden verstieß
verflucht, beim Gebären zu leiden
im Schweiß ihres Angesichts, nicht zu beneiden

Alles Gewesene kann uns lähmen
was geschehn kann, ist geschehn
hocken wir im Eck, um uns zu schämen
oder brechen wir auf
Es ist Zeit zu gehn

Mit Weiberhänden
ist kein Schlachtfeld abzukühlen
vielleicht, wenn wir aufhörn
den Männern beizuwohnen
bis sie auf Siege pfeifen
und lieber nach uns statt nach Waffen greifen

solch Gedanke ist alt und ein Schmarrn
ich hör schon hohe Stimmen keifen
was solln wir uns denn noch verkneifen
beim Gewinnen und beim Verliern
solln die Männer sich endlich geniern
statt zu kaspern, als wärn sie Dämonen

Wir aber trauern, trösten und belohnen
die armen Kerle, die auch Opfer sind
im Zweifel sind wir, heroisch und blind
unsrer war ja immer ein braver Soldat
das glauben wir noch in tödlicher Mahd

Tu deinen Mund auf
auch für die andern
fürchte nicht, es fehle dir zur ganzen Wahrheit
Über die verfügen wir nicht

Sprich für dich
anders entflammt keine Leidenschaft
jemandes Niederlage wirst du sein
und eines anderen Hoffnung

Irgendwann schreit dir die Erfahrung zu
schweig und rette dich in den Schatten
gib dir einmal nach
mögen andere sich riskiern
ruhe dich endlich aus

dann geh eine Weile aus dem Visier
nenn dich nicht feige
rette dich
auch du darfst einmal schwach sein
ergib dich mutig und erhole dich

aber dann komm wieder
und tu deinen Mund auf

Während wir noch trauern
um die Insassen von eben
hörn wir, es geben
hinter den Mauern
die nächsten ihre Asservaten ab
wie ich das vorausgesehn hab

die vorigen trafs nach gültigem Recht
hinter vorgehaltener Hand
fanden viele das schlecht
nun triffts einen, der hat sich auch erfrecht
übergab aber ohne Blut die steinerne Wand
die Welt war erst überrascht
dann hat sie ihn gekascht

an irgendeinem Tage
ändert sich wieder die Lage
dann gilt ein noch rechteres Recht
viermal innerhalb meiner Lebenszeit
war das keine Frage
stand der Staat gerüstet dafür bereit

Vergangene Sommer
verstummte Münder
erloschene Blicke
geschlagne Alleen
gewechselte Namen
die Flächen zugebaut
Städte mit elefantener Haut

Verschollene Freunde
zerbrochene Ehre
geleugnete Wohltat
verbrauchte Gemüter
verlassene Heimat
wieder wuchert Vergessen
schießt Lüge ins Kraut

Deutschland ohne Mauer
schafft neue Trauer

Alter ist ein Weg nach innen
nicht jedes Ufer bleibt erreichbar
kein Glück ist früheren vergleichbar

Erfahrung warnt davor
sich noch einmal ganz zu verschenken
aber bei zu viel Bedenken
schließt sich das eiserne Tor

Wir brauchen nichts mehr zu gewinnen
aber die Lust strömt doch durch die Haut
es lohnt, noch was Dreistes zu beginnen
mag das Leben grob sein und zu laut

Alter ist ein Weg nach innen
neue Freuden, nie gekannte Leiden
wir können dem nicht entrinnen
aber auch das möcht ich nicht beeiden

Diese Liebe sah aus
als hätten sie die
schon in allen Wettern geübt
als wär sie nur leuchtend gewesen und nie
im innern Wesen getrübt

Diese Liebe sah aus
als täte sie kund
dass sie unvergänglich sei
und sprach doch auch mit herbem Mund
und hatte auch nur einen Mai

dann sah sie aus
als wäre sie kalt
vielleicht schon tot, unbestärkt
verkommen in alltäglicher Gewalt
verging sie unbemerkt

Ergrauendes Haar
gefesselt, es war
ein Gefängnis auf engstem Raum
und schüttelte Steine und Staub aus dem Saum
ließ die Herzen, statt zu faulen
heulen, jammern und jaulen
konnte sie wieder erwecken
ach, ich weiß nicht, zu welchen Zwecken
alles wahr und trotzdem sonderbar

Ihr Ottoversandrock ist ziemlich kurz
neuerdings eher zu weit
ich nehme Päckchen entgegen für sie
Röckchen, Kostümchen und Blüschen
so verniedlicht sie die Bestellung
früher hatten wir weiße Bettwäsche, musste man
kochen, sagt sie
Baudenmuster wollte doch keiner
jedes Wort bedeutet was und richtet nichts aus
dass man noch Fernsehn guckt
hat aber fast alles gleichzeitig gesehn
Fernbedienung ist schon was Schönes
kann man rüberschalten, lohnt sich sonst nicht
das Auto waschen sie nicht mehr auf der Straße
ist alles verboten, kost' alles Geld
nun hat sie erträumte Geräte
aber der Mann kommt nur am Wochenende
will man ihn auch nicht belasten
verwöhnen nach der langen Fahrt, das ging
sie war lange zu Hause wegen dem Rücken
nun wird für ein Jahr alles schwieriger
die Kinder kommen Weihnachten von weit
haben Arbeit, wollen aber zurück
aufs Land, sie sagt, achgott, da sind wir
hergekommen
ich sage, dass ich eine Hexe bin
und ihr einen Guten Tag zaubre
sie lacht fast wie früher
dreht sich noch mal um
Wissen Sie, da glaub ich inzwischen dran

Du bist mir zu verletzbar, Jüngste
geh nie vor, hinter, neben oder wegen
eines Autos, Mannes, Sektierers, Sektenmitglieds
Romantikers, Sophistikers, eines Extremen
oder gar für einen liberalen Politiker
unvorsichtig über die Straße
wenn eine Laterne ausfällt, bleib zu Hause
glaub keinem über zwanzig, vierzig, sechzig

fordert dich wer
ich geh mit dir auf die taufeuchte Wiese
und treff deinen Feind mit der Zwille
du bist klug wie eine erfahrene Katze
aber nicht, wenn du unterwegs bist
da sollte ich schlafen und sehe dich ausgesetzt
aber ich schulde dir
neuen Anschluss an den Draht zur Welt

du hast sogar für uns skatspieln gelernt
mehr hat für uns noch niemand getan
auf dem Sterbebett werde ich flüstern
hör auf zu rauchen, sonst erscheine ich dir
das werd ich lieber nicht sagen
du kriegst es fertig und rauchst ab dann Kette

Lass mir meine Niederlagen auch
ohne Folgen wär wenig auf den Weg gebracht
für Scham gab es Gründe
niemand kann mittendrin
und gleichzeitig wägender Zuschauer sein

nur nichts abschieben in der Seele dunkles Eck
lieber zeigen, wie man es besser nicht macht
ich kaure nicht aus Angst vor Licht im Versteck
und wenn schon, bin ich es, die über mich lacht

Er hat mir ein Lied gespielt
leise, ganz leise, als wär das geheim
ich hab seine Sehnsucht gefühlt
und sang darauf meinen Reim

sein schwarzer Blick klagte mich an
die Julinacht tat ihrs dazu
da rief aus Begierde ein Mann
Herr Namenlos nannte mich Du

Mein Blut hat verwegen gerauscht
als hätt ich ihn immer gewusst
wir haben da Blicke getauscht
und soviel verfluchte Lust

Der stand da und war nichts als Mann
und ich eher trockener Strauch
ich rannte so schnell ich nur kann
bereut hab ich das aber auch

Das ist mir nie wiedergekehrt
so unverhüllt, so nackt
dass einer mich derart begehrt
Prolog, aber leider kein Akt

All diese alten Mädchen
aus der Jahrhundertwende
leben noch ein Weilchen
mit ihren getrockneten Veilchen
doch wie das Veilchen im Moose
wollten sie keinem sein
da blieb die stolze Rose
lieber allein

Vielleicht hätt es einen gegeben
um zu lieben, gewaltig und frei
doch es blieben nicht viele am Leben
und für sie war dann keiner dabei

Sie ist keine Jungfrau geblieben
versucht hat sie das schon gern
zwei Männer, aufs Schlachtfeld getrieben
welch altes Lied, so weh, so fern

Sie hat dann noch einen getroffen
der hätt sie zur Trauung geführt
er hat aber leider gesoffen
da hat sie nur Ekel gespürt

Ich kenn so ein anspruchsvolles Ding
das an Büchern wie an Menschen hing
und eh sie sich an den Falschen verlor
ging sie lieber fünfzig Jahre ins selbe Kontor
hat jeden netten Menschen glühend verehrt
und sich immer allein ernährt

All diese alten Mädchen
sagten, wenn ich nicht dran glaube
muss ich nicht unter die Haube
sie haben nie einen Groschen geborgt
nun werden sie von Fremden versorgt

für ihre Bücher ist kein Platz
als gäb es für die irgend Ersatz
ihre Möbelchen passen auch nicht hin
als ob ich mir eine Fremde bin
aber ein Lied klingt durch ihren Sinn
das hat sie sich allein gemacht
und singt es für sich in der schlafarmen Nacht

vielleicht hätt es einen gegeben
der ihr passt und den sie begehrt
doch es blieben nicht viele am Leben
und das Eigne war ihr keiner mehr wert
denn wie das Veilchen im Moose
wollte sie keinem sein
so blieb die stolze Rose
lieber und leider allein

Der Krieg war zu Ende gebracht
Deutschland verlor seine blutige Macht
Nun kommt das Glück, wenn auch nicht über
Nacht
das hast du verkündet, du Neues Vaterland
ein jedes soll leben nach eigner Fasson
wenn auch vorerst auf schmalem Talon
es singe ein jeder aus voller Brust
nichts als die eigene Lust
dann brauchts von oben kein Pardon

es seie denn, er denkt nicht so wie wir
lässt sein Kind taufen
man sieht ihn dauernd nach drüben laufen
Kafka will er lesen, Joyce und Hemingway hier
ist doch gar nicht sein Bier
durch die Lüfte in die Häuser kommt der Feind
und immer denkt das dumme Volk
es ist nicht bös gemeint
keiner soll Unterdrückung leiden
aber jeder muss sich für oder gegen uns
entscheiden

Ich kenn die noch
diese Angst vor Strafe
wegen Abweichung Aufweichung
dekadenter Schuhschlaufen
ihr müsst nicht jeden Dreck vom Gegner kaufen
feindliche Witze erzähln, amerikanisch
auseinander tanzen

sich aber raushalten aus dem Großen Ganzen
falsche Sender, ideologische Landschaftskalender
Ententolle, Vollbart, redet euch nicht raus auf
Marx
schwarze Strumpfhose, unsre Fraun sind nicht
dekadent
Nickelbrille ist nicht von unsern Arbeitern der
Wille

auch ich hab zu viel davon mitgemacht
ich steckte mittendrin
und in den meisten Dingen sah ich lange einen
Sinn

dabei wär ich gern mal in Venedig gewesen
das Wort Provence hätt ich gern nah vor meinen
Augen
auf einem Schild gelesen
eine Bouillabaisse hätt ich gern gegessen
dabei mit meinem Geliebten am Atlantik
gesessen
meine Mama und die Schwestern in Hamburg
hätt ich gern wieder gesehn
achtzehn Jahre Trennung mussten drübergehn

und doch hab ich dies blöde Land geliebt
ein mieses Zuhause und wärmer
als es das noch je für mich gibt

Nun bin ich an Big Deutschland übergeben
und kann damit auch nicht gut leben

Erstmal die Mauer aufgemacht
das hast du doch gesagt
ihr müsst lernen, wie man Business macht
mit unserm Geld werdet ihr ratzpatz nach oben
gebracht
blühende Landschaften waren uns zugedacht
nun blüht der Verkehr mit den Mischobstdosen
und es blühn unsere Neurosen
dass ihr Ossis nicht vergeblich nach Schätzen
grabt
gebt eure schmuddligen Scherben her
schmeißt eure verpissten Möbel raus
die neuen stelln wir ins europäische Haus
in die polnischsizilianische Ecke
und dann ruht euch aus, unter die Decke
ihr habt es verdient
eure lange Theke ist im Handumdrehn geschient

hinter dem Rücken versteck ich die Hand
ich kann dich nicht lieben, du Neues Vaterland
du willst mich nur ohne Einwand, ohne meinen
Verstand
aber dies Wort werde ich mir halten
ich lasse mich nie mehr in zwei Zungen spalten

Lach nur, mein Leben
schüttle dein Haupt
an Aufgeben hab ich
bisher nie geglaubt

Lach nur, mein Leben
rück alles heraus
lösch mir die Kerzen
noch lange nicht aus

schlag mir die Trommeln
kein taubes Gestein
aber schlag endlich drein

Mach doch, mein Leben
noch einmal von vorn
das Herz braucht den Anfang
und sei es aus Zorn

Als jene alten Männer über mich verfügten
gaben sie mich mit Federstrichen frei
dein sei dein Bauch
dein Name auch
und indem sie unsre historische Gefühligkeit
rügten
hofften sie, dass wir uns ins Verfügte fügten

Ich wurde Vertreterin von Interessen
und habe mich deswegen nicht beklagt
nicht alles kann gleich sein, hab ich gesagt
und der müde Leib machte manches vergessen
ich wollte mich innerlich nicht entfernen
sondern lernen, lernen und nochmals lernen

als jene alten Männer noch über mich verfügten
geschah es, dass mir die männlichen Verdikte
immer weniger genügten
meine Lebenszeit war unentwegt verplant
als Bürgerin, Patientin, als Kundin überall
zu vieles schien nur erahnt
die Welt war draussen, dazwischen ein Wall

Als noch die alten Männer über mich verfügten
taten sie dies meist ohne mich
nach alten Mannesriten
wir hatten alles und nichts und
sie sahen nicht hin
vielleicht war ich damals
mit einem Fuß im Paradies
es kam mir aber nicht so vor
als ich es verließ
nun bin ich draußen, bin wo ich bin
vogelfrei
aber jene alten Männer haben ihren Anteil dabei

Es ist der Wahn der Männer
dass einer zu siegen habe
dann schießen sie ehrende Salven
und trauern am Heldengrabe

Bedrängt sind sie von Ahnung
sie seien nächstens dran
das reicht ihnen nicht als Mahnung
sie knüpfen an Feindschaft an

Es ist der Wahn der Männer
den kaum eine Frau begreift
weil uns der Tod beim Gebären
mit der Naht seiner Ärmel streift

Wir haben abzutragen
was ihr Tun hinterlässt
eine Hoffnung wär, kaum zu wagen
sie fürchteten Krieg wie die Pest

Versöhnt, wenn wir wären
wie könnten wir anders leben
heilende Hände auf alten Schwären
neue Gedanken könnte es geben

Versöhnt, wenn wir wären
die Hoffnung auf Sinn würde sprießen
die eine mag fordern, die andere beten
wir haben das nicht zu beschließen

Versöhnt, wenn wir handeln
wir kämen uns nicht ins Gehege
würden uns unterwegs wandeln
und gingen auch unsichre Wege

Versöhnt ohne Hassen
da könnten sich Worte befrein
wenn wir einander gewähren lassen
das könnte ein Anfang sein

Ich bin nahe bei Kiew nicht gewesen
habe den Tod nicht mit den Opfern geteilt
doch der Wind kann die Grenzen nicht lesen
so hat uns das Gift ereilt

an jenem Tag
im scheinbar fernen Ort
fand sich für den Tod ein neues Wort

die Kinder haben gespielt
auf vergiftetem Rasen
fern haben Patrioten aufeinander gezielt
in Labors dachten sie nach
Über die Wirkung von ganz neuen Gasen

Helden oder Befehlsempfänger
sind wehrlos in ihr Verderben geflogen
Überlebende sind weinend fortgezogen
warum denn, kein Geruch, keine Farbe
in der Fremde zu leben bleibt eiternde Narbe

Das Ereignis ist über uns hinweggestürmt
hat mit mancher Lüge aufgeräumt
aber es geschah zum Glück sehr weit weg
die Nachricht empörte, ein Chef war getürmt

und weil die Seele mit der Angst nicht leben kann
fing sie am Tag danach mit der Verdrängung an

Wir kommen alle von anderen her
und leben nach heimlichem Sinn
eine Wurzel wächst grade, die andere quer
und eine wie nirgendwohin

und doch klopft in unserem Blut vom Beginn
des eigenen Lebens ein Code
wir fügen nur Zeichen hinzu
die Male von Leid und Gewinn

Wir kommen alle von Männern und Fraun
die raunen in unser Sein
wie fremd die auf Fotos
wie ernst die da schaun
und stellen uns manchmal ein Bein

Wir kommen alle von anderen her
auch wenn die erbärmlich sind
verludert, gewöhnlich, verroht
so zeugten sie in all der Not

Die Büsche haben ein enges Gezweig
als Stachel und schützende Wand
was immer ich leugne, was immer ich zeig
ich bin eine Faser im langen Band

Nenn mir nicht die Zahl der Toten
für die bin ich
nach fünfzig Millionen Ermordeten stumpf

sag mir, was von dem Kind noch übrig war
ob die Augen der alten Frau offen standen
wer war das Mädchen, der blutige Rumpf

Sag nicht, wer zuerst geschossen hat
dass die einen Patrioten, die andern Verbrecher
sind
Wer hat ihnen die Waffen verkauft
Woher kam das Geld für die Munition
hätten sie nur mit den Fäusten gerauft
wimmernde Glocken läuteten schon

„da wurde viel Blut vergossen"
so einfach machen wir es uns nicht
bei solcher Meldung fällt keinem mehr
das Abendbrot aus dem Gesicht

die Frau hat ihr Kind, das Mädchen?
Mädchen, als es noch atmete
ins blutige Gras gebettet
hat es geherzt und zu Gott
zu Allah? zu Allah gefleht
es war aber keiner, der eines rettet

das ist so, wenn der Tod
von hinten geschoben, von vorn gezogen
langsam über ein Stück Erde geht

fangen wir noch einmal an:
Als im Morgengrauen das Schießen begann
als die Frau und das Kind gestorben sind

in Zahlen lässt sich alles leichter sagen
nur der einzelne Tod, der ist nicht zu ertragen

Der Mond war aufgegangen
ich konnt mich kaum erfangen
in dieser fremden Welt
Welch eine kühle Ehe
sie macht mir Angst und Wehe
in ihr zählt nur das große Geld

Zurück will ich ach nimmer
und leugne keinen Schimmer
all dies Vergissmeinnicht
ich leb im Ungewissen
und bin noch mal beschissen
im harten Tageslicht

In meinem frühren Wissen
find ich kein Ruhekissen
will auch kein Samtgestühl
kann sein, ich bin gelandet
vielleicht auch nur gestrandet
am kleinen Vaterlandsgefühl

O nein, ich werd nicht schmeißen
mag auch der Vorhang reißen
aus Eisen oder Tüll
ich zieh denselben Karren
und mach mich nicht zum Narren
bei Schmus nicht und nicht bei Gebrüll

So seid gegrüßt, ihr Schwestern
denkt nicht zu bös von gestern
drin unsre Jugend war
und Arbeit und die Kinder
dankt euch das heut nicht minder
dem schiefen Maul krümmt Gott sein Haar

So legt euch, Schwestern, Brüder
in Schuld und Unschuld nieder
gönnt euch den Abendhauch
streckt eure müden Glieder
und helft dem Nachbarn morgen auch

Mein Herr
Präsident General Kommandeur
ich schenke Ihnen kein Gehör
Feinde gibts immer, sobald sie wer braucht
dass vom Leib der andern der Schornstein raucht
von neuen Männern wird neu geküsst
als ob ich den alten Schmatz nicht noch wüsst

da schämt sich keiner
wenns um Wahlsieg oder Dividende geht
wie da Macho bei Macho
Emporkömmling bei Bürgerfürst steht

der eine halb sterbend, halb besoffen wankend
der andre mit Ekel sich dicke bedankend
ungleiche Kappen, ungleiche Brüder
aber gleiche Intressen, da gehts dann wieder

und es schweigen die kirchlichen Halbgötter still
weil jeder von der Sore was abhaben will

Präsident Kommandant General
Mann und Maus sind Ihnen scheißegal
uralte Rechnungen werden gezückt
mit den Köpfen der andern Pfähle bestückt
es geht um die ganze Welt
es geht um das ganze Geld
natürlich auch um die wirkliche Pracht
die ganze Macht

*I*ch hatte ein Vaterland
das war mir mütterlich gesonnen
es schwankte immer am brüchigen Rand
hat verlorn und wenig gewonnen

Ich hatte ein Heimatland
das verhieß mir friedliche Zeiten
es baute um sich eine schützende Wand
die wucherte in unsre Breiten

Ich hatte ein Vaterland
da gab es Wärme und Nähe
und viel, das ich nicht sah, oder nicht verstand
mein Herz wollt, dass ichs anders sähe

Heut wärs einfach, nur das zu sehn
was schwer zu ertragen war
aber manchmal möcht ich mich umdrehn
und wieder nach Hause gehn

Das Schöne an den Frauen ist
eine Wespentaille
Lammsgeduld
Gluckenhaftigkeit
dunkelfeuchte Kuhaugen
oder Rehblick
Schwanenhals und Bienenfleiß
Kirschenlefze
Pferdemähne
Himbeerzunge
der dunkelfeuchte Erdbeermund
bisschen wie 'ne Hausleopardin
aber ameisenordentlich
Fellchen wie von Seidenraupen gewebt
verfügbar wie ein Suppenhuhn
Das Schöne an den Frauen ist
die Apfelbrust
Birne gar
der Pfirsicharsch mit Gazellengang
Rattenschwänzchen
Pfläumchen
Mausezähnchen Tausendfüßelein
nein, das Schöne an den Frauen ist
ein Spatzenhirn

Als sie sich
zu früh vor ihm zeigte
weil das Gefühl, die dumme Gewalt
sich feige verneigte
da hat er sich umgedreht
und sie verschmäht
er hat sie benutzt
und ihr die Flügel gestutzt

Als sie sich
dann doch endlich wehrte
ihn nicht mehr begehrte
da fragte er beredt
worums hier eigentlich geht
hat ziemlich gestutzt
und ihr dann die Schuhe geputzt

sie hat dabei gegähnt
und dann den Neuen erwähnt

Was ist denn mit uns passiert
dass Unlust jedes Mitleid dämpft
uns kaum noch das Blut gefriert
wenn einer gegen Ergebung kämpft

jedem von uns kann es geschehn
dass Eigennutz über Wärme siegt
wenn wir den andern gefährdet sehn
oder wie er am Boden liegt

es war früher anders, es war, es war
schnitt nicht gar so ein, das alte Joch
brachte uns nicht gleich in Gefahr
solang mich das angeht, lebe ich noch

Da müsste die Nacht noch viel dunkler gehn
dass ich dem falschen Freund verzeih
Urängste müssten mir auferstehn
eh ich tu, als ob nichts gewesen sei

der hat sein Teil mit uns gelebt
aber er hat uns nicht geliebt
hat nur das eigene Netz gewebt
uns geschoben, wie man Figuren schiebt
hat uns niemals geliebt

nichts macht das ungeschehn
er tat so, hat aber nicht mitgefühlt
so rasch ist kein Feuer je abgekühlt
nun will er uns unbedingt wiedersehn

kann sein, wenn ich denke, es ist ein Schrei
heißt aber nicht, dass ich ihm verzeih

Das halte ich nicht aus
haben auch Heroen gesagt
ehe sie Schlimmeres ertrugen
Mute mir das nicht zu
was für ein unbedachtes Wort
Bedingungen haben ihr
empfindliches Apothekermaß
ein Gran mehr, da wird aus Heilsamem
das pure Gift
red mir nicht in meine Liebe rein
immer zu viel
aber das muss so sein

Bleib nicht bei mir
weil es draußen schneit
fall nicht wegen Regen in mein Bett
such hier nicht bequemen Aufenthalt
stiehl mir nicht die Zeit

Bleib nicht
weil dir vor da draußen graust
weich nicht feige einer andern aus
wenn du grade ungemütlich haust
tust du dir zu leid

Bleib nicht bei mir
weil nur ich dir trau
fauler Zauber, morgens aschegrau
bleibe nicht aus Gründen neben mir
bleib vielleicht am besten gar nicht hier

*D*ie Mittelmäßigkeit geht um
der früher ach so Beklommene
nie zum Zug gekommene
nun Minister für Geld Feld und Flur
morgen kompetent auf Reichsbahntour
hat als Jungpionier gelitten
war mit seinem Lehrer zerstritten
ist im letzten Augenblick auf den Zug
gesprungen
von da an hat er auf Freiheit gedrungen
ich sehe ihn lachen
es treibt ihn Besitzstand
und am stärksten der Hass
wogegen er war, ich seh es ihn machen
Missbrauch von Macht ohne Unterlass

Für die Eierköpfe im Osten
sind Lager nicht nötig
die liefern sich gegenseitig ab
widerstrebend oder erbötig

Verlassen wir uns auf den Zeigefinger
den mächtigen und starken
ein verlässlicher Bezwinger
in deutschen Gemarken

Man darf auch rechnen mit der Sensibilität
ab an den Baum, an das Fenster
wenn die merken, es ist für alles zu spät
graulich und stumm hängn se dann rum

und falls sie doch widerstehn
hält das nicht lange vor
die Deutschen bilden keinen Chor
auch wenn sie mal auf die Straße gehn

am sozialen Rand können wir sie einander
  überlassen
da werden sie sich entzwein, da werden sie sich
  hassen

Wenn die Dummheit an die Macht gelangt
wie dumm sie die Macht dann macht
wenn der Trieb ins Mächtige drängt
und der Horizont sich verengt
weil der Lorbeer sich um hohle Köpfe rankt
wachsen schneller als die wilde Beere
die wildgewordnen Charaktere

nichts zerstört Moral tiefer als die Macht
und das Volk staunt, und das Volk, es lacht
sowas haben die früher denn doch nicht gemacht

bald kommen neue Besen
die werden gut kehrn
wir geben Schonzeit, eh wir uns wehrn
was sie sagen, lesen wir eine Weile
merken das Pathos in jeder Zeile
dann gucken die selbstischen Zwecke
wieder um jede Ecke

nichts zerstört die beschworene Ehre
so wie Geld und Macht und Gewehre
reißen wir uns die Zippelmützen vom Haupt
wir haben schon wieder was geglaubt

Der Abschied war nicht das Ende
weil wir noch am Leben sind
weil Frieden sich noch auf hienieden reimt
und irgendwann wieder ein Aufruhr keimt
was immer ihr uns für Zensuren gebt
wir haben so und anders gelebt
und werft ihr uns Thora und Kapital in die
    Flammen
wir kriegen die Texte schon wieder zusammen

nur nicht herschlurfen in ausgelatschten Schuhn
nur nicht versinken in Selbstmitleid
die Katastrophe hatte mit uns zu tun
und die Sorge wirft ein ein weltweites Kleid

die alten Herren sind beim Raffen
bisher gut weggekommen
die Lust hat drum immer noch zugenommen
ich träum ja nur so
noch während man uns bestiehlt
kommt ein Engel und befiehlt
die haben alles wieder herzuschaffen
dass ich laut lachend über die Straße geh
aber auch das ist bloß so 'ne Idee

Anna weiß, dass sie sterben muss
Anna schreibt mir in der dunklen Nacht
was das Sterben mit ihr macht

Anna tanzt
hält dabei die Füße still
faltet das Herz zu einem schmalen Fächer
und schickt den über die Dächer
wie ihre Art, zu schaun
Anna, die ihre Kraft schonen will
und das nicht kann
Anna ist eine von solchen Fraun

Anna hat immer am liebsten zu zwein
mitten durchs Feuer getanzt
da ist mancher angstvoll rasch drübergesprungen
dann hat Anna ihr Tränentuch ausgewrungen
hat leise gesungen ichmöchtamliebstensterben
aber gleich drauf schon wieder Leiden, nie mehr
und alleinwillichniemalsmehrsein
Anna hat jede Liebe gekriegt
auch beim Lumpen hängte sie das Herz mit rein

ich hab nie verlorn, sagt Anna, weil mir das nicht
liegt
ich liebte das Grüne, die Freundin, den Mann
und fing mein Leben die hundert Mal an
aber Schmerzen halten die Nacht über wach
Ängste lauern, ob ich sing oder schweig
noch ist der Tod für die Anna zu schwach

halt deine Fresse, sagt Anna, mein Herz hat
Ohrn
häng dich in dein eignes Gezweig
na gut, dann ist mein Haar geschorn

Der Tod kriegt mich erst auf den Weg
wenn ich meinen Ball Wolle, die Flasche
das leere Blatt, den Hörer und
die Bilder der Erinnerung
achtlos zur Seite leg
erst dann, Tod, gehöre ich dir
erst wenn du nichts mehr von mir hast, sagt Anna
wenn ich wie ein müdes Blatt die Ränder schließ
wenn ich kaum noch spüre, was mit mir
geschieht

aber hinter den Lidern malt es noch kunterbunt
küss mich noch einmal, geliebtester Mund
wer war das, wen mein ich, fragt Anna
eh ich das nicht weiß, kann ich nicht gehn
die Mohnblumen leuchten in sinnlosem Wahn
Geheimnisse schlagen am Himmel die Bahn
und Anna greift ruppig zum wärmenden Tuch
bis hierher war Anfang, grad ein Versuch
ihr Glöckchen bimmelt am Abschiedswagen
sie wollte mir noch so viel sagen

zu wenig, was ich für Annamein tu
mehr lässt der Rest ihrer Zeit nicht zu

Das kleine Foto von Greta Kuckhoff
darauf ist sie nicht gut zu sehn
ich kannte sie lächelnd
mit verblasstem Entsetzen
in den ernsten Augen
die blieben gerichtet auf Adam
seine Hinrichtung hat ihre Uhr angehalten
mehr als das Todesurteil, dem sie entkam
Gretas üppiger Garten beschämte meine
  gekauften Rosen
wiesen mangelnde Kenntnis aus
sie sprach, aber ich blieb befangen
ging ungern, hielt sie im Arm, sie war so klein
das machte mich wuchtig
bis bald, aber bald war nie
Greta starb uneins mit allem
was sie uns hinterließ

Wenn wir nicht selber tanzen
wird es niemand für uns tun
der Vollmond als riesiger Stein
kommt meinem Fenster zu nahe
der Sturm ist gewaltig, die Sprache bedrohlich
in dunklen Straßen wächst die Angst

da braucht es Transparente mit Witz
die Worte von Neruda sind für die Jungen neu
Victor Jara, Compagnera, Amanda, te Quiero
soviel Krieg, seit Picasso Guernica malte
alles hundert Einsamkeiten her
aber die Hoffnung stirbt so nicht

erst wenn ich ihr den Kopf abschlage
wenn ich Glück hab, wars nicht der meine
dann Bruder, wenn wir nicht selber tanzen
wird es niemand für uns tun
tanzen, Schwester, tanzen
Tochter, wart nicht, bis dich wer zum Tanzen holt

Ich brauche noch ein Lied
um auf der Straße zu tanzen
ein Lied, das meine Sehnsucht singt
eh ich das nicht hab
trete ich nicht ab

eine Reise noch
die Berge hoch, oder zu den Azoren
ich hab dort zwar nichts verloren
aber eine Reise kreuz und quer
ans Rote oder Tote Meer
eh ich die nicht hab
trete ich nicht ab

und einmal noch
versprich mir was
und halte das
karte nicht nach, sei nicht bitter
kein Strolch, kein Clown, kein Zwitter
dass ich vom Herzen die Patina schab
eh ich das nicht hab
trete ich nicht ab

Wir sind so viel Wege nicht gegangen
die wir einander versprochen haben
da fehlte viel durch meine Schuld
ich wollte zu vieles in Ungeduld

Wir wollten uns stärken in unseren Gaben
auf Mairegen haben
wir uns vorgefreut
als es nichts wurde damit
und die Felder warn hell vom Tagesschnitt
sprachen wir uns Sommerbäume zu
um drunter zu laufen, nur ich und nur du

Ach, der Atem weit draußen in leichterer Luft
an die Wegränder Bücher und Bilder gestellt
inmitten der Vögel ureigener Welt
dann kam schon der Herbst mit anderem Duft

Leidlastig nanntest du meinen Sinn
wir trösteten uns, sahen Tiefe darin
nie gaben wir eine die andere auf
in all unsrer ernsten Begebnisse Lauf

weiß kaum, wann ich dich zum ersten Mal sah
seither eine Spur, immer nah
dafür gibts keinen Dank
außer lebenslang

Vor Sonnenuntergang
will ich dich sehn
als wärs das letzte Mal
und nichts darf mir entgehn
die Falte da, tief wie ein Keil
an der hab ich wohl Teil
und wie dein Lächeln nun geworden ist
zeigt, wie du mir gewachsen bist
ich seh in deinen Augen
dass wir einander noch
und morgen wieder taugen
kein Ton zu hören und wir weinen nicht
umarmen uns in einem sachten Tanz
sekundenlang vor Sonnenuntergang
wir werden gehn und ich
vertrau dir ganz

Wenn alles passiert ist
was wir voraussehn
gehn wir langsam
durch die grell beleuchtete Nacht
wägen die Antworten
auf zu viel Nachricht

Wir hätten anders leben solln
in den Wind schlagen
die verlockenden Rolln
ich glaub nicht
dass uns Noah in seine Arche hebt
so unersetzbar haben wir nicht gelebt

Den Tag weiß ich noch
wie könnt ich die Nacht vergessen
am Mittag war Bukarest wie leergefegt
das war lange vor Ceaucescu
Läden und Basare schlossen zur Siesta
erst gegen Abend erwachte die Schöne
der Asphalt wurde wieder begehbar
Kneipen füllten sich
Unter großen alten Bäumen
saßen Leute, die küssten Hände
aßen Lamm, Mamaliga und bunte Salate
tranken Rotwein oder Krimsekt
aus kleinen Tässchen süßen Kaffee
sie redeten laut, mit Gesten
wie bei Verwandten ging es zu
und die Gitarren spielten sentimentalen
Übermut

Ich hab mit einem getanzt
der hatte leichte Hände und schwarze Augen
Pirat, dachte ich, eher Zigeuner, oder ein Dichter
sein Mund kam meiner Wange ganz nahe
fremde gewagte Worte sprach er in mein Ohr
ich spürte sie bis an verbotene Stellen

Der meinige Herr am Tisch wurde bissig
griff sich eine zu lange Frau
und walzte zur schwermütigen Musik mit ihr los
die Leute lachten über den Mann mit dem
Sonnenbrand

was ging mich das an
meine Hand war gefangen
für Einhalt kannte ich kein rumänisches Wort
der mit mir im Flugzeug gesessen hatte
sang falsch auf Lalala und schwenkte
einen langen dünnen Arm als Pumpenschwengel

es gab eine Tür in die Dunkelheit
ich hatte ein eigenes Zimmer
der Park machte hinfällig mit seinem Duft
was der Sänger sang, ich hab kein Wort
    verstanden
aber als der Tanz zu Ende war
küsste der Mann meine Hand
brachte mich an den Tisch und holte sich
seine schöne lächelnde Frau

dann begann es zu regnen
wir rannten den andern nach auf die Straße
lachten auch, breiteten die Arme
im Wind wirbelte Papier
der Gitarrist machte uns Beine
alles war Wüste, in die hat es geregnet
dann ein Reihentanz
wieder seine Hand in meiner Hand
als er mich küsste, passte es hin
jeder lag jemandem im Arm
jeder küsste irgendwen

das war Anfang der Sechziger
ehe der Boden sich auftat
und auch Freunde in der Tiefe verschlang
lange vor Ceaucescu
die Leute warfen auch damals schon Blicke
senkten die Stimme
behielten manches für sich

ich habe getanzt
etwas in meinem Leben ging zu Ende
aber alles war viel schöner als zu Hause
Ihn hab ich nie wieder gesehn

Die ganz normalen Leute denken
Courage würde was kosten
glühende Zangen könnten sich senken
was wird dann aus dem höheren Posten

Die ganz normalen Leute weinen
fallen andre in zu tiefen Graben
dann gehn sie nach Hause, trinken sich einen
darauf, dass sie's leichter haben

sie haben mit sich zu tun
und lassen die Dinge der Welt
auf sich beruhn
mit dem Stein des Sisyphos umher zu wandern
überlassen die ganz normalen Leute
lieber den andern

Wenn du mich geliebt hast
meine Worte dich noch erreichen
gib mir ein Zeichen

lass uns nicht sterben
mit so bösen letzten Worten
im Herzen mit solchen Kerben
vor überwachsenen Pforten

es hat dich weithin gezogen
da geht man gern ohne Gepäck
tu uns nicht wortlos weg
sei mir wieder gewogen

Aus den Augen, aus dem Sinn
aber es war doch
und war doch immerhin

für dich ist die Zeit vergangen
ohne Heimverlangen
aber der Abstand sollte reichen
gib mir ein Zeichen

Er hat mir beigestanden
als ich gefesselt von Ängsten
kaum über die Schwelle kam
das unerprobte Ich hat geschmerzt
aber mit seiner Ermutigung
stieß ich mich ab
nach vorn in das Dunkle
kam auf und wollte nie mehr zurück

Wir sitzen im selben Boot
er rudert woanders lang
ich falle ihm nicht in den Arm
vermeide jeden Zank

Er möchte dem Mond zu
ich such meinen Stern
beide sind unerreichbar fern
ich hör schon das Wehr
doch er sieht nicht her

ich werd ihm verzeihn
in Trauer gehüllt
woanders, da darf ich weicher sein
als hier, wo der Wasserfall brüllt

Man muss sich was trauen
sagt er und rudert wild
und Retten liegt den Frauen
im Blut, das ist sein Bild

nah hör ich Hunde bellen
auch diese Drohung gilt
er möge nicht zerschellen
ich rett mich hinter mein Schild

*W*enn es nicht mehr so ist
so heiß nicht mehr
weniger gewaltig
nicht mehr so lustig
dann haben wir uns das angetan

welchem Sturm reiß ich die Fenster auf
in welchen werf ich all unser Papier
wie lasse ich verschluckte Flüche raus
wie reiße ich dich mit
wieder auf die Beine
in das Wagnis
in eine Neugier auf uns

Begütigt, wo Schreien nötig war
getröstet, statt aufgerissen
zu viele Ängste schonend verborgen
uns die Liebe hübsch geguckt
sie unterwegs verschlissen

Früher sind wir an einem Krach gestorben
ein jedes hatte absolut recht
sündhaft warn wir, herrlich verdorben
und alles so gnadenlos echt
ich bin zornig, weil ich das von uns weiß
es war gewaltig, lustig und heiß

Dieser an Wundern bare Tag
morgens wurde es nicht hell
der Nachbar lachte zu laut
vormittags klang ewig eine Hochzeitsglocke
oder Herr Wichtig war gestorben
mittags rannten die jüngsten Schüler
lärmend in den Fahrstuhl
rauchend dahinter
kindliche Bleichgesichter
Nachmittags kam Sonne auf
Leute fuhren zur großen Wiese
holten sich Allesaufeinmal

ich habe niemanden angelächelt
rückte Bilder grade
ließ die Bücher liegen
wusste nicht, mit wem ich reden sollte
nach solchem Anruf
die Stimme meiner Mutter
sie will niemanden mehr sehn
nur meine Schwester, zu der
würde sie auf allen Vieren kriechen
so lieb hat sie die

Nichts hat sich geändert
nur Angst vor Schlägen hatte ich nicht

*M*ir fehlt ein Auge
ich hatte es auf dich geworfen
die Hacken schief gelaufen hab ich mir
die Beine abgerannt um dich
meine Hände sind weg
seit ich sie ins Feuer hielt für dich
du hast mir im Magen gelegen
in der Kehle hast du mir gesteckt
ich hab mir den Hals umgedreht
immer und immer nach dir
du hast mir das Herz gebrochen
dann bist du mir über die Leber gelaufen
da wusste ich, du bist eine Laus

Ich werd gehn, hat er gesagt
hin wo das Gras noch feines Haar ist
statt so grobes Schilf
kein Epizentrum auf den saubren Kissen
die erste Beere löst mehr Lüste aus als du
er wirds noch mal packen, allein

vielleicht, wenn sie geschwiegen hätte
aber die Nacht hatte schon begonnen
hinter ihr lag
ein Tag aus achtzehn Stunden
jemand hatte ihr im Weg gestanden
war ihr in den Arm gefalln
in die Haare geraten
sie hatte auch getreten
sich selber verleugnet
eine Fresse angelächelt
und außerdem gehungert

das alles musste aus ihr heraus
mitten in seine Sehnsucht nach Stille
es stieß das arme Luder in Geschwätzigkeit
als er Berührung und Trost brauchte von ihr
so hat sie ihn aus dem Haus gegellt
trieb ihn aus ihrem Arm
dem angstfeuchten Haar
verdienstvoll und armselig stand sie da
und er konnte sie nicht mehr ertragen
sie wusste das, aber es war zu spät

*I*ch schlag noch einen in die Fresse
der arme Fraun zur Beute macht
er kauft sie und behält die Pässe
der brauchte eine schlimme Nacht

Ich hau noch einen vor die Omme
der Videos mit Kindern dreht
wenn ich dem auf die Schliche komme
nur nicht zu spät

Ich jag noch einen dieser Bosse
von seinem Thron aus Menschenhaut
hau ab und ende in der Gosse
dein Schreck ist vielen wohl vertraut

Ich treib noch einen durch die Brache
der uns auf magre Kühe zeigt
in tief verlogner blöder Sprache
wie schön, wenn der 'ne Weile schweigt

Minister, komm ich lass dich kosten
wie sich das Brot mit Tränen salzt
du kannst ab jetzt von mir aus rosten
das wird nicht sein, weil du nach Höh'rem balzt

Weiter will ich jetzt nicht reden
und hoff, ich habe kein Gesetz verletzt
ich mein nur den und die und beinah jeden
der hier mit breitem Arsch die Pfähle setzt

*N*eben dir
neben dir
war mir jede dunkle Straße hell genug
neben dir
wars ein Zweifel in der Stimme
der mein armes Herz erschlug

Neben dir
neben dir
habe ich gelernt, was ich an mir besaß
neben dir
wars, dass ich in fremden Augen
über mich ganz andres las

Neben dir
neben dir
sahn die meisten Leute ganz empfindlich aus
neben dir
hatten Freunde Platz
und Suppe gabs in unserm warmen Haus

Neben dir
neben dir
war das Herz auf einmal beinah narbenlos
neben dir
schrieb ich Lieben Hoffen Du und Ich
in allen Farben groß

Neben dir
neben dir
war es möglich, auch mal ohne dich zu sein
neben dir
obs dich heut noch gibt
ich sags nicht, jede Wahrheit wär zu klein

Neben dir
neben dir
war ich alles, was ich jemals werden kann
neben dir
das genügt und jede Träne drüber
tut mir weh und lügt

Diese Stadt ist eng und klein
lässt nicht jeden rein
macht ihre Fenster dicht
Fremde wolln die hier nicht

die Straßen schon um neun Uhr leer
im Park kuschelt keiner mehr
nur am alten Weiher
läuft Herr Hund mit Meier

diese Stadt war schon immer zu eng
schmuddlig, aber auch warm
nun riecht sie anders, sie riecht streng
nach Angstschweiß und nach Gotterbarm

hier drückt man sich stumm zur Bank
steht mit den Nachbarn 'ne Weile rum
zu Aldi geht es da entlang
das Fernsehen bringt die Abende um

entweder findet ab morgen
der ganze Frust öffentlich statt
oder sie wird an ihren Sorgen
sterben, die enge strenge Stadt

Den kleinen Frieden gibt es nicht
der große ist nicht zu kriegen
ich lese meist, kann ohne Licht
nachts kaum noch ruhig liegen

nicht, dass ich meine Brote ess
und würze sie mit Tränen
doch antworte ich seltner kess
wenn andre Furcht erwähnen

ich denk oft, soll das alles sein
so ewig rauf und runter
ja mach nur, Weib, stell dich drauf ein
gut drauf, gesund und munter

es fängt und frisst auch jedes Tier
kann seine Waffen zeigen
woher nehm ich die Lebensgier
wie soll der Mut mir steigen

wie dämpf ich diesem Hirn denn bloß
Gedanken, die noch wachsen
die Zeit will alles grell und groß
mit neumodischen Faxen

Will keiner mich, so wie ich bin
das mag an vielem liegen
auch ich vermehr meinen Gewinn
auch ich verlern zu fliegen

Der sieht dich an
potent und tüchtig
als wärst du süchtig
nach einem starken Mann

fang mit dem nichts an
ich kenne solche Blicke
und ihre Tücke

kaum mal 'ne Antwort
kriegst du da
nur soviel Liebe, wie der grade sucht
das hast du bei andern
schon dreimal verflucht

kein Himmel voller Geigen
mit vollem Mund liebt der dich zugrund
und du darfst die Schmerzen nicht zeigen

den hast du am Halse
wenn er dich grad braucht
wenn du ihn aber suchst
ist er untergetaucht

das ist keiner zum Verlieben
das ist eine Pik Sieben
frag mich nicht nach seinem Preis
Erfahrung, meine Liebe
macht ein herrliches Alter
in dem man so etwas weiß

*B*erlin, du warst die Stadt der goldnen Jahre
für Spott und Firlefanz die Wunderbare
dein Tiergarten mit seine Strubbelhaare
zur Nacht warst du manchmal das einzig Wahre

ich weiß nicht, ob ich dir noch ein Lied schreibe
ob ich hier noch lange bleibe
du steckst in zuviel Dreck
ich liebe dich und will hier weg

Berlin, du warst die Stadt der Katakomben
der Phosphornacht, der Nacht der großen
    Bomben
die kamen aber erst nach all dem Klirrn
von Schaufenstern und deutschem Manneshirn

Doch wenn ich nun durch deine Straßen treibe
glaub ich nicht, dass ich hier bleibe
sie haben dich nicht gern
der neue Clan, die neuen Herrn

zuviel Fluidum und lauter Zweck
ich liebe dich und muss hier weg

Keine Tragödie
nur eine Farce
nicht mal Komödie
nur ein Das wars
Gründe gibt es allemal
es hat eben nicht gestimmt
Champagnerreste schmecken schal
so bockig man sie zu sich nimmt

Sei nicht so aus den Wolken gefallen
da geht nichts unter, das Leben gar
erzähl mir viel später
wie langweilig es war
du wirst nicht über alles lachen
aber reden, das wird den Anfang machen

Deine Zärtlichkeit ist so
dass du mich in der Nacht berührst
und alle schweren Träume führst
auf einen leichten Weg
was ich befürchte, wehrst du ab
als ob ich keine Gründe hab
ich bin wohl durchsichtig für dich
und deine Zärtlichkeit
wenn ich den Traum bei Licht beseh
und lege ihn beiseit

Das Schöne an den Frauen ist
wie sie mit dem Groschen knausern und mit dem Herzen
verschwenden
sie treiben sich immer zur Eile
oder warten lange, zäh, sogar vergeblich
In der Arbeit kommen sie schnell auf den Punkt
in ihren Irrtümern ewig nicht
Frauen haben andere Zeiten als Männer
also eine andere Vorstellung vom Glück
Kampfhandlungen zu Boden, zu Wasser oder in der Luft
das bringt ihnen nichts, sie würden nie
fremde Gebiete besetzen und das eigene dabei
völlig aus dem Auge verliern
Frauen wenden sich von Hirngespinsten ab
nicht ohne sie in ihrer Phantasie
vorher ausschweifend zu genießen
Frauen sind keine zu klein geratenen Männer
auch keine Sklaven, und zum Helden taugen sie nicht
aber sie spieln diese Rollen, wenn das Leben es verlangt
Frauen kehren auf herzzerreißendem Umweg
weiser, faltiger, bisschen dicker oder dürrer
zurück zu dem Wesen jenes Mädchens
das sie waren
immer schon sein wollten, endlich werden können
sie fangen wieder an zu sticken, überall reinzureden

alles besser zu wissen
vielleicht eine Nacht durchzuschlafen
und ein Stück ihres eigenen Lebens
zeigen sie nur noch den Enkeln
die sie lieben, dass ihre Kinder
ihre Kinder beneiden
So war sie zu uns nie

Frauen können sich gelingen
wenn man sie lässt
wenn Mann sie lässt
wenn man sie in Frieden lässt
wenn Mann sie im Frieden lässt

Wenn du aufschließen wirst
und meine Schlüssel liegen im Flur
wie findest du ins Bett
am Tag danach

wohin mit den Worten des Aufschubs
der Sehnsucht nach zweitem Beginn
eine Liebe zu spät entdecken
tut mehr weh, als ungeliebt zu begehrn

wir sahn aus wie ein Glück
und warn einander die Falle
du gehst mir zuliebe, weiß ich nun
wärst mir eh nur eine Last
das bist du mir immer gewesen
aber ich hab sie gern getragen
und dir die meine aufgepackt

werd mich schon wieder verlieben
aber noch flüsterst du mir
aus jedem Gebüsch Warnungen zu
du zerknitterst mir das Laken
guckst mich aus Fenstern gnadenlos an
füllst mir die Augen mit Tränen
schöne Augenblicke überfordern, nie mehr

Noch eh ich alt bin, Liebling
hätt ich gern dein Ja
zu dem, was gewesen ist
was kommen kann
und zu mir

große Löffel haben wir gebraucht
in das Eingebrockte zu langen
nicht in alles sind wir eingetaucht
ließen uns nicht immer fangen
über manchen Stock sind wir nicht gesprungen
haben manches Lied nicht mitgesungen
das machte uns kein markantes Gesicht
und gar so besonders nicht

einmal noch möcht ich aus dem Rahmen
springen
dazu gehört Mut
den hast du mir immer gegeben
unterm Mairegen wächst ins Leben
alles und nicht alles tut gut

alt sein hieße, nicht mehr jung genug
was für ein schlimmer Selbstbetrug

Er zog ein ins Haus
sah nicht besonders aus
auf den ersten Blick
auf den zweiten konnt sein Lachen
andern gute Laune machen
hatte einen Fahrradtick
früh um fünfe joggt der los
der Hund war für das Haus zu groß

aber son verrücktes Zimmer
hatte sie noch nie gesehn
soviel Bilder, soviel Bücher
soviel buntbedruckte Tücher
und so vieler Kerzen Schimmer

er schnitt sich die Haare ab
vor dem Spiegel, schnipp und schnapp
und sein Bett war breit

herrlich duftend warn die Speisen
und er sprach von seinen Reisen
weit gewesen war er, weit

ihm zuliebe die Nase ins Buch
warm und kuschlig sein Tuch
sie war hübscher, sorgsam
darin eingehüllt
hat es gut ausgefüllt

wie ein Lämmchen in der Herde
trabte sie um ihn herum
dass sie durch ihn klüger werde
fand sich neben ihm zu dumm
auch zu plump und dieses Schämen
konnte ihr niemand nehmen

sie wollte sich ihm überlassen
und fing an, sich zu hassen
weil ihr nichts Eigenes blieb
für einen Entschluss hatte sie ihn zu lieb

sie konnten zusammen nicht kommen
er hat es sich übel genommen
kroch in sein altes Versteck
und dann war er weg

sie hat sich verändert
ihre Wohnung sieht anders aus
der Blick, noch von Tränen gerändert
will aus dem Apfelhaus

Sie hat gesagt
das da ist mein Mann
Johannes
guck dir den an
im Moment fühlt er sich nicht wohl
aber das gibt sich hier
an der Costa del Sol

eine Glücksreise, hab ich zu ihm gesagt, weißt du
da kann man manchmal ganz schön Glück haben,
  würde ja sonst
nicht so heißen, mit Frühstück und Sonnenblick
  und Bedienung
schnipp mach ich und da muss der schon wissen,
  was ich will
und Johannes sagt, nimm dir doch nochn Stück
  Torte, steht ja alles
da und kost' nix extra und ich nehm es und noch
  einen Longdrink und
noch einen und die andern haben auch schon
  Falten am Bauch, wie
die erst aussehn, aber jeder guckt auf sein'n Teller

die Segler da werden sich heute noch rammen
neulich, glaub ich, hat einen der Hai gefressen
jetzt hab ich meinen Faden vergessen
ach ja, komisch, Johannes und ich
wir sind immer noch zusammen

was hat sie, was ich nicht habe, würde ich zu ihm
sagen, ich kenn
den doch, der braucht seine Ruhe und meine
Rouladen, seinen Schlaf,
Schlückchen paar Bier, gefällt mir nicht so und
immer beim Fußball
da kriegt er den Hals nicht voll, is eben der
berüchtigte Alkohol
aber jetzt ist ja Urlaub an der Costa del Sol
wusst ich gar nicht, dass das Küste heißt,
Sonnenküste klingt mehr
nach Bulgarien, bloß nicht, Costa del Sol

Guck mal, was er jetzt macht
Johannes
ich hasse das an meinem Mann
der quatscht dauernd fremde Leute an
die stehn dann zu Hause bei uns vor der Tür
dafür hat er aber kein Gespür
die machen abends sowieso auf nass
aber vielleicht, Gott, bringts ja mal was

wir zahln schon ab, was denkst du, bei der
Summe im Monat lach ich
doch bloß, Johannes hat noch Reserven, der
könnte viel mehr
rangehn, nicht immer so gutmütig sein, aber der
glaubt ja jede irre
Sülze, ganze Wohnung malern fürn Appel und 'n
hartgekochtes

Ei, isst er auch bloß noch das Weiße, was mach
ich mit dem ganzen
Gelben, der ist zu gut, der Johannes, den steckt
jeder aus alter
Freundschaft in die Tasche, niemand weiß das so
gut wie ich, der ist
einfach zu naiv

Guck dir den an
ewig matscht der
mit ander Leuts Kindern im Sand
als ob der wunder wie Burgen bauen kann
Johannes
aber zu Hause meckert der einem
in jeden Pfennig rein

neues Schlafzimmer brauchen wir nicht, die
Farbe passt mir und
früher haben wir 'ne Decke gelegt in die Kuhle
dazwischen, hat sich
auch erledigt, aber man kann besser Staub
wegwischen
wo wir noch die Folienmöbel hatten, da sollte es
Eiche Rustikal sein,
hat aber auch keiner mehr und Hauptsache, er
hat als Erstes ein
richtiges Auto gekriegt, Mahagonie Hochglanz,
die Kinder sind raus
und fassen nicht mehr drauf, aber mir doch egal,
auf was fürm Sofa

ich rumsitze und warte, Johannes muss immer erst auf Toilette und
dann wartet er auf die Lottozahlen, eh er mit dem Hund geht, musst
ihn mal hörn, ja wo isser denn, Papa geht gleich mit dir
alles blinkt und blitzt, da sagt er und was hast du so gemacht, da hab
ich schon son Hals, ich hab ja kein Auto zum Preisvergleich, aber Aldi
und zu Hause No Name, ich sag dir

Guck mal
jetzt holt er sich Decken
Johannes
da kommt er fünf Minuten her
lassen wir mal unser Thema stecken
is ihm wohl doch zu heiß
kommt er nicht mehr

sagt immer, ich gefall ihm, wie ich bin, da rackert man sich ab, dass
man nicht so aussieht wie andre und er denkt, man ist immer noch
dieselbe wie früher im Osten, andre würden ganz andre Ansprüche
stelln, so Seidenpapiertaft und so, macht was her, unsre Nachbarn
haben jetzt eigene Bienen, lässt sich auch was verdienen, nicht von

mir, ich bin ja allergisch gegen jeden Stich, aber
  Burmeister sein
Garten, naturnah, dafür haben sie abends die
  Mücken, wir nicht mit
unserm Rasen und ich bin sowieso nicht für
  Nachbarschaft, riechen
in alles rein, man könnte andrerseits nicht weg,
  aber hier fühl ich mich wohl
is eben die Costa del Sol

Knoten hab ich noch nicht in der Brust, denk ich,
  aber was Johannes
dann machen würde, oder ich, wenn bei ihm auf
  einmal was wegbleibt
nicht, dass man verrückt danach ist, aber wenns
  nicht mehr geht, was
kommt dann auf einen zu, die Krankheit würde
  mir nichts ausmachen,
aber die Menschen solln sich ja seelisch gar nicht
  mehr ähnlich sein.
Johannes würde mich verlassen oder betrügen,
  aber so, dass ich es
merke und mich umbringe, weil Scheidung
  kommt ja sehr teuer

Liegt er da im Schatten
Johannes
macht nicht immer viel her
aber man hat eben sein'n Gatten
das is auch wichtig, hier am Meer

die andern aus unsrer Clique
sind alle geschieden
habens nicht dicke, aber ihrn Frieden

wenn ich nun son Kopftuch tragen würde und könnte nicht bis drei
zähln, da würd ich, wenn ich die wäre, erstmal zu Hause bleiben
und richtig ranklotzen, bis sie auch wer sind, da könn sie dann im
Park laut sein beim Grillen oder den Hammel abmurksen in der
Badewanne, man ist ja nicht gegen sie eingenommen, kenn'n ja auch
keinen, aber näher kommen kann man sich nur gleich zu gleich, ich
meine, die sind von Hause aus sehr dick, aber vielleicht fährt man
mal dorthin, soll ja alles geben, von Sauerkohl bis Pizza, aber dann
fahrn wir wieder nach Hause, könnten die doch auch, und dann eben
sehr nett lernt man sich kennen und fühlt sich wohl
hier an der Costa del Sol

Guck mal, da kommt er
Johannes
mein Mann, sieht man ihm gar nicht an

Nur unterwegs sind unsre Blicke scharf
nach vorn, zurück und ins Gebüsch
ob sich da was bewegt
nur unterwegs achten wir
auf Weiser und Gefährten
umgehn den zu schmalen Pfad

unterwegs hörn wir die Nachtigall
und ob der Hund anschlägt im fremden Dorf
das wir vorsichtig erkunden

mit den Ängsten gehn wir um
dass sie uns nicht überfalln, uns nicht lähmen
unterwegs glauben wir an den Tod und die Liebe
uns zugedacht von Anbeginn

am Ziel hocken die Satten im schattigen Rund
heben müde Hand, seid willkommen
unterwegs aber, auf dem Quiviv
ungeschützt vor Hagel und stechender Sonne
spein wir aus wie die Kinder, was uns nicht
bekommt
unscheinbar vor Klugheit gehn wir auf den
Grund
suchen nach aussichtsreichen Plätzen
ohne uns zu überschätzen

Wenn die Liebe langer Jahre
nur noch müd die Füße hebt
wenn der Mond, der wunderbare
wie 'ne Zehnermarke klebt
wenn dein Atem dir zu laut ist
und wenn nichts mehr überspringt
wirst auch du zur alten Blume
die ins faule Wasser sinkt

*D*ie Nerven gingen ihr durch
wie in den alten Büchern
sie sank hin auf einmal
nicht wegen geschnürten Leibes
Bleichsucht, unerwiderter Liebe
nicht weil Eltern zur Vernunftehe zwangen
oder der Geliebte das Kränzlein genoss
und dann verschwunden war

was ihr die Lust weggefressen hatte
war der ganz normale Alltag
mit all den willkürlichen Hürden
diesem bitteren Neinbrei
Leute abzusagen, die auf sie setzten
und ein wenig in die Enttäuschung mischten
sie habe etwas unterlassen

sie musste zu viele Menschen nach Hause
  schicken
in einen unendlich langen Tag
ohne die gewohnte Erschöpfung
Tränen sehn und nichts tun können
den Hörer abheben, spürn die Kralle in der Brust
Ihre Vorgänge liegen ganz unten
oder schon in der Mitte oder fast oben

da schrumpft die große weite Welt
auf ihrem verlogenen Weg zueinander
da bleibt dieser warnende Herzpunkt
trotz Diät, Seelentraining und dem neuen Mantel

die Ablehnungen wurden Steine in den Brunnen
aus dem nichts wiederkehrt
nur unverbindliche Anfänge und all die
Vergeblichkeit
hier kommen ganz neue Investoren rein
den Satz kannte sie nicht

sie hat aufgegeben
wir haben um sie gebangt
sie hatte sich zu sehr reingehängt
so ein Infarkt ist absehbar, sagte der Arzt
er hat sie rausgeholt, nun steckt sie wieder drin

Sie wollte lieben, aber doch
immer ein einzeln Wesen bleiben
die Liebe zu ihm nicht übertreiben

was sie gespürt hat mit der Zeit
es wächst davon und nicht zusammen
Eis oder zu nah an die Flammen

sie liebte ihn, doch wollte sie
sich für Passionen offen halten
nicht altern und die Hände falten

das Herz liegt bloß und drüberhin
gehn ihr die Schatten und die Sonnen
sie hatte alles zu klein begonnen

Wir solln nicht gewesen sein
unser Denken wird Sperrmüll genannt
sie holn uns als Schatten hervor
widerlegen uns aus dem Stand

das hat uns unsicher gemacht
die Seele verstört und gehemmt
wir lagen auch schlaflos die Nacht
warn uns fast selber fremd

sie hätten gern, dass es so bleibt
nur erzwingen sie das nicht
doch wer sich täglich dran reibt
dem schreibt es sich ins Gesicht

Eines beliebigen Tages
schlag ich zurück, wenn einer mich schlägt
schlag ihm angemaßten Vorsprung um die Ohren
schlage meine Vorsicht in den Wind
mag sein, am Ende hab ich verloren
an Ehre, Spaß und ein paar Sponsoren
aber ich hab es so satt so satt so satt
seit Jahrzehnten finden die Schläge
ohne meine Gegenwehr statt
bin ich denn feig oder zu träge
allmählich find ich das übertrieben
ich muss hassen lernen
nicht nur lebenslang lieben

Weib, deinesgleichen wurde früher geköpft
du hast so ein sündhaftes Lachen
deiner Zärtlichkeit fehlt der Eigennutz
die Krallen hast du zum Schutz

die wünsch ich dir nicht stumpf
sie helfen dir und deiner Brut
ach, die sanfte Schwalbe sogar
erkennt ihrer Jungen Gefahr
gut, und wer braucht dich dumpf

Geliebt für einen Augenblick
wünscht dich mancher auf den Besen zurück
oder in dein nettes Scheues
zu keinem Kompromiss bereit
Weib, das ist etwas Neues

Du sagst, dass sie Bomben bauen
und die höchste Himmelsleiter
wir dürfen ihnen nicht trauen
also dann, Weib, machen wir weiter

Das war vielleicht 'ne Pleite
dieser Zeitungsverriss
gestern erfreute Leute
und heute total im Verschiss

wen hab ich bloß so beleidigt
dass ich wie vorm Peleton steh
ich hab doch den Kanzler verteidigt
wirds dir zu schwer, na dann geh

ich hab den Kanzler nicht gewählt
du nicht und der nicht und keiner
doch kaum warn die Stimmen ausgezählt
war er deiner und meiner

ich schenke ihm keine Kachel
so lieb hab ich ihn nicht
er ist mir ein schmerzender Stachel
das nennt er Verfassungspflicht

so stehts in der Zeitung nicht drinne
kein Wort über Politik
in Schutz nimmt der Schreiber die Minne
die Prosa und auch die Musik

sieh da, schon solch hilfloses Schreiben
bringt eine Zeitung in Wut
ich kanns noch viel weiter treiben
vielleicht tuts paar Freunden gut

Es lodern schon wieder die Kriege
sie schüren den Hader Nation
Deutschland erwägt wieder Siege
da wird neue Niederlag drohn

die wird sein, auch wenn sie gewinnen
Gebiete, fremder Böden verborgenen Schatz
derweil wir uns langsam besinnen
oder suchen nach sicherem Platz

der letzte Hinterbänkler ist ihnen mehr wert
als Mann und Frau an Werkbank und Herd
sie müssen jene hassen
die sich nicht alles gefallen lassen

Seltsame Veränderung
Luft und Atem
sind wie von Stein
beschwert gewesen
nun sind die Atemwege genesen

Manche Dinge lösen sich
von allein
was für ewig schien
hat auch nur Dauer
Grenzen zeigen sich genauer
nicht alles wird besser sein
Wunder liegen keine
auf der Lauer

*B*arfuß ging ich
über Stoppelfelder
beim Ährensammeln hab ich gelernt
die scharfen Halme seitlich zu biegen
für meine bloßen Füße
geschämt hab ich mich nicht

Zwischen den Ruinen in Berlin
wollt ich was werden, hoch hinaus
die pathetische Frisur war getürmt
Trotz war genug in mir

aber ich stak in meines Vaters Schuhn
und eine Sohle schlappte
Mädchen, kaum besser dran als ich
lachten hinter mir her
ich dachte an Beethoven
von Lehár unterscheiden konnte ich den schon
der arme Schubert hatte es auch nicht leicht

aber mit Sechzehn
gibts Schmählicheres nicht
als eine schlappende Sohle
und denn so zu loofen

Die Frühlingsstürme
treffen auf Türme
die werden sich hier ewig drehn
noch ein Menschenleben lang
werden die stehn

der Boden noch vermint
die Gräben noch geschient
hier kannst du es an den Häusern lesen
so war es, als wär es gestern gewesen

Erbauer und Zerstörer
haben beide geirrt
wird Zeit, dass aus dem Haufen Häuser
eine bewohnbare Weltstadt wird

hier kann ich gucken, wie ich will
ich find es nur pachulkich
Berlin, das ist dein Overkill
und nich mal'n bisschen ulkich

Als ich den siebten Himmel betrat
hingen die Tapeten herunter
die Glühbirne war zerknallt
der Schlüssel drehte durch
die Scheibe war blind
der Trittleiter nicht zu trauen
auf dem Boden lagen
alte Zeitungen, verjährte Wahrheit
gilbende Fotos, unsortierte Briefe
in benutzten Tassen staken Löffel
Wasser gab es, keinen Eimer, kein Tuch
keine seifige Flüssigkeit
ziemlich verludert
aber es war wohl so gemeint
wir sollten uns was einfallen lassen
so weitermachen oder alles anders

Die Roten haben sich die Rosa ausgedacht
auch das Bewiesene braucht Wahrscheinlichkeit
vermutlich hat die Frau ja nie gelebt
der Zeitpunkt ihres Todes ist unglaubwürdig
Selektion gabs für Kleintiere
als Jüdin war sie noch nicht dran
kristallklare Denkweise, aber noch keine
Kristallnacht
der Überfall auf sie als Polin leuchtet auch nicht
ein
der Zurückschuss im Morgengrauen eines
ersten Septembers stand weit aus
ein Einzelfall, lange vor der allgemeinen
Erschlagung von Jüden
solche Flintenweiber haben keinen Kopf
der ihnen eingeschlagen werden könnte
das Köpfen von Frauen hat Freisler viel später
eingeführt

Freilich war sie tot, nach Kolbenschlägen auf den
Kopf
kann aber auch sein, sie ist über ihre eigenen
Füße gefalln
war ja krank, die Frau, was noch nicht als
erbkrank galt
alles spricht dagegen, dass diese Rosa gelebt hat
aber nur dann kann sie erschlagen worden sein

es heißt, sie liebte die Vögelchen auf dem Baum
    vor dem Gitter
auch den Baum, obwohl sie Kommunistin war
das erklärt was, Kommunistin
zumal sie Jüdin war
Polin zudem
und ein aufrührerisches Weib

Mir wurde Rosa auch als Denkmal übereignet
gestutzt, kompatibel gemacht für die Etappe
das leugnet immer den Charakter der Epoche
Ich kriegte Rosa ohne Unterleib
ohne Leiden an Leo
ohne Wut über die Genossen
ohne Verachtung der Kompromisse
Rosa ohne die düstere Ahnung
die Linken werden sich auf ewig entzwein
das ist wahr bis heute
wär Zeit, den Kopf einzuziehn
das geht gerade wieder einmal nicht

Wo fliegst du nun, Vogel Freiheit
ein Federlein hast du verlorn
an Bürger, die warn hier geborn
hatten ihr Haben und Sein
doch das Land war ihnen zu klein
voll von drängenden Fragen
kleinen täglichen Niederlagen
freundlich, kaum äußere Not
doch wenig, was Neues zu wagen
düsternder Schein und zu billig das Brot
ängstlich auf jegliche Weise
in Unordnung achtend auf jeglich Gebot
verkalkte und mächtige Greise
die maßen uns falsches Lot

Gerupfter Vogel Freiheit
dein Federkleid ward angesengt
von Kindern, die hatten groß' Träumen
und wollten fern nichts versäumen
sie dachten, da wird was verschenkt

du hagerer Vogel Freiheit
der Griff nach dir war unbedacht
welche kamen, um dich zu retten
und verschoben uns Haus, Hof und Betten
da hast du dich fortgemacht

Ich hör dich, wenn alle mal schweigen
deinen trauernden Ton
du kannst dich hier vorerst nicht zeigen
das weiß ich, doch wer bin ich schon
Grauer Vogel Freiheit
ich griff auch nach dir
fand dich in mir selber
fand dich nur in mir

Das hör ich mein lebelang
der Hund tut nichts
draußen ist draußen
du als ihre Mutter
sie als deine Mutter
früher wars einfacher
bisschen was geht immer
man muss auch die andre Seite sehn
unsereins hat niemand was getan
die da oben wissen auch nicht alles
nichts geht über selbstgebacken
ich könnte Ihnen viel erzähln, 'n Roman
wenn er mich belügen würde
'ne Notlüge, 'ne gutgemeinte
aber nicht saufen
blau schon mal
aber nicht betrügen
Schuld war die, die treibts mit jedem
Männer sind eben anders
ich hätte was Besseres verdient
auf mich hört ja keiner
ich weiß, wovon ich rede
das ist genau so wahr wie
mein Hund tut nichts

*I*ch werde mich nicht verkaufen
außer wenn es sein muss
für den Kanten Brot vorm Verhungern
Wasser gegen hoffnungslosen Durst
werd ich widerrufen
aber nur bis an den Rand von Verrat
keinen Schritt weiter
sonst kann ich nie mehr zurück

Auf den Stufen der Guillotine
schrei ich, die Erde ist eine Scheibe
und dann nichts wie weg
nur noch atmen, sich sammeln
immer mit der Ruhe
sehn, was sich machen lässt

Als er eine neue Liebe begann
hat er dich nicht mehr geliebt
oder nicht mehr wie vorher
etwas war anders geworden
und etwas fing an
so dass eine neue Liebe
gegen die alte gewann

Er hat sich das vielleicht nicht vorgenommen
auf ein Abenteuer war er nicht aus
das reißt ja auch nicht aus allem raus
die neue Liebe ist in sein Leben gekommen
als er dich unbewusst nicht mehr
liebte oder nicht mehr so wie vorher

Du sagst, du hast das gleich gerochen
ich frag mich nur, warum
hat sie den ganzen Abend nur über ihn
    gesprochen
warum so verletzt, was bringt sie um
du sprachst über die andre wie über eine Milbe
von deinem Gefühl für ihn aber nicht eine Silbe

Die Hand würd ich ihm küssen, dem Papst
seinen Pfarrern Blumen streuen bei der Hochzeit
im Beichtstuhl um Vergebung bitten
schuldig der Ungeduld
dankbar den Priestern in El Salvador
dass sie ungehorsam waren den Ärmsten zuliebe
geblieben sind sie wie die Künstler und die Ärzte
das ist ein ehrliches altes Gesetz, auch in dieser
Neuen Welt

Wie kann ich vergessen das verstümmelte
Gesicht
des Jungen aus Nicaragua
unsre Ärzte haben ihm das Leben gerettet
ohne Fernsehgala haben wir gesorgt
für Teile einer Schule
eines Krankenhauses
dass sauberes Wasser kam in ein fernes Dorf
Fahrräder haben wir bezahlt
für die Straße Nummer Eins in Vietnam

auch ich habe gefürchtet
dass Mandela es nicht schafft
wie klein die Welt, so zerrissen sie war
Im Häuflein gegen das Vergessen
bleibt es bei der einfachen Wahrheit
die ruht in der eigenen Brust

Bürgersleut, gehn wir schlafen
und lassen all den braven
Politikern das Spiel
sie werden es schon richten
ich geh von Liebe dichten
denk wenig, fühle viel

das Volk, es darf nicht mauern
bei all der Männer Müh
es muss die doch bedauern
für all ihr spät und früh

Die Flöhe husten hören
gehört ins Kämmerlein
dort recht sich zu empören
ist weise und gemein

Wir sind beschützte Menge
und braver Untertan
verstrickt in alte Zwänge
im deutschen Kippelkahn

Du hättest sehen können
wie Gott die Liebenden schützt
guten Rat für Rabatt
und wie der Staat den Seinen nützt
ein letzter Kampf um Rom findet immer statt
einen soften Porno konntest du dir gönnen

hier rede ich über mich
das erinnert dich
oder du hagelst mir Widerspruch
kann sein, es kommt zum Bruch

aber einmal
findest du ein Zeichen
wie sehr sich unsere Leben gleichen
wir haben beide noch versteckte Lunten
aber lass dein Visier ruhig unten
und für eins darfst du mich loben
meins war oben

Wenn du die verlässt
wird sie den Kopf verliern
und sich dann vor deiner Haustür
ihre Beine abfriern

die hätte doch nie gedacht
dass sie einmal reinfallen kann
die läuft in uralte Messer
kriecht in ihr zu enges Kinderkleid
weiß immer noch alles besser
und tut sich unendlich leid

wenn du die verlässt
wird sie dich laut verfluchen
dann wird ihr die Luft ausgehn
wie einem Hefekuchen

die hätte doch nie gedacht
dass ihr ein Mann mal Grenzen setzt
nur sie durfte jeden verletzen
weil sie die Weiberwaffen kennt
sie will dich durch Reifen hetzen
eh sie heulend zu dir rennt

Wenn du die verlässt
nimmt sie sich deinen Bruder
deinen Vater, Freund, den Chef
du hast recht, sie ist als Frau
ein eiskaltes Luder
das wusstest du doch genau
mich lass, weil ich die übertreff

O doch, ich kann mich erinnern
gib mir noch einen Augenblick
dann werden Schatten sich erheben
aus denen sich Bilder beleben
gib mir noch einen Augenblick

dann seh ich erdgewordnes Maigrün
das war im Park vor unsrer Stadt
wir sagten, wie schön doch da oben
Vögel und Jets ihre Bahnen ziehn
wir wollten damals zusammen fliehn

O nein, nicht um frei zu sein
zu jeglicher Bindung warn wir bereit
aber die andern klemmten uns ein
die warn nicht gemacht, uns vorwärts zu ziehn
ich sagte, nun sind wir so weit

O doch, ich kann mich erinnern
in deine Stimme kam ein sachtes Zaudern
du bist übergegangen zu nettem Plaudern
die da oben sind nur sehr bedingt frei
hast du das gesagt, hab ich das gedacht
es war unsre letzte gemeinsame Nacht

Wir sind nicht bei den andern geblieben
woanders haben wir neu angefangen
vielleicht konnten wir viel später lieben
wir sind damals eilig auseinander gegangen

Ich hab gesagt, nimm dir den doch
schwing dich auf ihn rauf und reite los
sie wollte ihm erst noch 'n Haufen Gedichte
schenken
und wissen, ob sie beide dasselbe denken
ihn beobachten und testen und testen

ich dachte, nun wird sie endgültig Zicke
dabei hat sie's wahrlich nicht dicke
wenn sie nicht mal den rüberzwingt
haben wollte sie ihn, unbedingt
ich sagte, machn Geheimnis aus dir
tanz ihm als Mata Hari vor der Nase rum
bis er anfängt, das Rätsel zu knacken
sie meinte, ihre Krone habe auch nur vier Zacken
drei sind leicht verschenkt
an den und den, haben alle Macken
sobald man an der Angel hängt
er soll erst mal sie bemerken
sonst wird das nix mit Schillers Werken

Ich dachte, nehm ich einen Zaunspfahl
gebe ihm einen deutlichen Wink
die sitzt mir zu oft lamentierend beim Drink
und da war er dann, reiner Zufall, da war ich
und die Musi' spielte dazu
'ne Mischung aus Zither und Rhapsodie in Blue
er hat geredet, was er macht und machen will
schon gemacht hat und wie alles wohl wird
dann warn wir beim Du und er

hat gesagt, dass er sich ziemlich oft irrt
es nicht immer reißt und zu wenig weiß

wir konnten nun nicht groß die Welt verändern
der Morgen kam, erst mit schmalen Rändern
ich wachte auf, er lag auf den Ellbogen gestützt
den Arm um mich, die Hand in meinem Haar
also, sehr viel hab ich ihr da nicht genützt
ich holte das verbannte zweite Kissen
viel mehr gabs nicht zu wissen

sie meinte, ein Glück, was macht der schon her
mag sein, aber er ist es, ER

*D*u brauchst zu deinem Leben
die Leute, von denen du herkommst
ein paar Titel aus dem neuen Bücherberg
und du brauchst das andere Geschlecht

du musst hinsehn
wie der Mensch umgeht mit anderm Geschöpf
deine Sinne brauchst du zu deinem Leben
und jeden Tag einmal
wirf einen ehrlichen Blick in den Spiegel

fang an zu denken
über die Strecke vor dir
mit wem willst du sie gehn
und wohin, vor allem wohin

deine Musik
die brauchst du zu deinem Leben
und eine eigene Meinung zu Gewalt und
  Heldentum

Hoffnung brauchst du
und dass dir jemand sein Vertrauen schenkt
der über die wichtigsten Dinge
ähnlich denkt

sag nicht, was weiß denn ich
alles, was dir nicht passt
musst du ändern
oder es ändert dich

Als er mir begegnete
waren die Götter abwesend
oder uns freundlich gesinnt
Unsere Zeit konnte beginnen
trotz Widerwind und Warnung allenthalb

wer sterblich wird durch die Liebe
bietet jeder groben Hand sich dar
aber sie war es
und hat uns heimgeleuchtet
als er mir begegnete

Sie hätte ihm gern gesagt
wie sehr sie ihn liebe
es war zu früh
sie war zu jung
das Wort zu groß
andere hatte sie nicht

Sie hätte ihm gern gesagt
wie sie ihn liebte
es passte nie hin
er war verliebt
niemals in sie
oder zur falschen Zeit

Sie wollte ihm sagen
das war damals so
tat mir lange sehr weh
aber du warst weg
sie wollte ihm alles sagen
aber nun ist er tot

Eh ich dort hingeh
und lasse mich wieder beleidigen
umarme mich, komm, sie tun mir weh
da musst du mich hier schon verteidigen

Erschöpfe mich mit dreister Lust
da werd ich sanft und milde
ich weiß ja und ich habs gewusst
die sind genau im Bilde

was immer ich im Leben sprach
zitieren sie mir ätzend
sie weisen meine Blödheit nach
ironisch und verletzend

Hol du aus mir die Kraft heraus
die ich dort sonst verschwende
und lass mich erst aus diesem Haus
mit müder Zung' und Lende

Komm, schlafen wir ein bisschen ein
gibt keinen Grund, zu rennen
dann werden wir, so soll es sein
den ganzen Quatsch verpennen

Wenns sein muss
schnapp ich mir einen Besen
reit durch die Lüfte
kehr den Staub vom Himmel
in die Augen deiner Feinde
reiße ihnen den Hochmut
um ihr Gemächt aus der Fresse

Ich gebe ja nur an
hab gar keinen Reisigbesen
und keinen Himmel zu kehrn
nichts hab ich als die Sehnsucht
alles fließt und mündet im Strom
wo wir später einfach nur liegen
und lassen treiben, was uns treibt
was immer aus unserm Dasein wird
diese Sehnsucht bleibt

Die Liebe kannst du nicht finden
sie irrt nicht herum
es gibt kein Seil, sie zu binden
du wärst dafür auch zu dumm

Die Liebe, die musst du machen
aus Wörtern, aus Duft und Gefahr
sie braucht deine Siebensachen
und alles, was vorher war

Die Liebe, die stirbt an Bazillen
die schleichen sich ein und sind da
sogar noch bei gutem Willen
hinterher weiß man nicht, wie's geschah

du glaubst, einer muss für dich brennen
ein seltsam unnahbarer Gott
den würdest du nicht mal erkennen
träum weiter von Lanzelot

Ich werde es nie wissen
wars wirklich, wars geträumt
dein leergewordnes Kissen
hab ich nun weggeräumt

warum bist du gekommen
so angefüllt von wem
du hast Platz genommen
das war ja auch bequem

Wem hab ich dich gestohlen
für welche Zweisamkeit
wer kam, um dich zu holen
in tiefer Schlafenszeit

Warum hast du gelogen
hätt doch nicht not getan
wie flach sind wir geflogen
ich Gans und du kein Schwan

so geht man unter Leuten
nicht miteinander um
es hat nichts zu bedeuten
ich fühl mich nur so dumm

Die eine teilt deine Sorgen
die andre nur den Moment
du bist für beide ihr Mann
der sich nicht freiwillig trennt

die eine ist dir verbunden
durch lange Lebenszeit
die andre hast du gefunden
da warst du gerade so weit

die eine kannst du nicht lassen
es wäre für sie der Tod
die andre kannst du umfassen
als wär sie dein Morgenrot

Zwei Mühlsteine, die sich nie reiben
da kann alles ganz reibungslos sein
doch eine wird dich vertreiben
tritt der dumme Fall irgendwann ein

Dann wirst du dich wohl entscheiden
doch wie immer, es bleibt ein Dorn
die eine wird um dich leiden
die andere erbt deinen Zorn

Ich werde vergessen
dass du bei Vollmond schlaflos liegst
dich nach deiner Musik wie ein kleines Kind
wiegst
wie du mit den Fingern auf der Bettdecke tanzt
liebevoll einen Ableger pflanzt

wenn du erschrickst, wirst du blass
vielleicht vergess ich das
ich werde nicht mehr wissen
wie du dein Kopfkissen boxt
und lesend auf dem Fußboden hockst

wie du beim Poker die Partner narrst
lange auf die Sterne starrst
wie hemmungslos du fluchst
wenn du ein paar gleicher Strümpfe suchst
vielleicht vergess ich, wie du dann warst

Ich werde nicht vergessen
wir auf dieser lauten Straße
in der staubigen Stadt
unter der Bahnhofsuhr
du hast dich in mich eingekrallt
ich hab mich kraftlos angelehnt
und mich so nach dir gesehnt
dort hat mich der Teufel gefressen
das kann ich nicht vergessen

schwindlig vor rauschendem Blut in den Ohren
so ausweglos, ein unaufschiebbarer Abschied
den werde ich immer wissen
und gibt dich einer verloren
werd ich mein Fähnchen für dich hissen

dieser Schmerz, so unheilbar, so krass
niemals vergesse ich das

Wenn du sterben würdest an mir
wärst du schon lange gestorben
ich hab dir nur die Mitternacht
und über mich die ganze Macht
so unerwartet verdorben

Wenn du sterben würdest an mir
dann nur an bitteren Tagen
da werden Sätze scharf gemacht
ein jedes zieht in seine Schlacht
und jedes wird geschlagen

Wenn du sterben würdest an mir
hätt sich das Laken gerötet
als ich dich lachend von mir wies
dich kalt aus unserm Bett verstieß
hab ich dich in mir getötet

Wenn mir nur noch eine Weile
eine kleine bliebe
was wird dann aus meiner Eile
was aus meiner Liebe

Such ich Landschaft, nie gesehen
wo die Zaubrer fiedeln
oder würd ich Gott anflehen
lass mich doch hier siedeln

das kann ich heut nicht wissen
ach, alles ging so schnell
ob Bitterwurz, ob Ginster
im Herzen blieb es finster
und glomm im Kopf nicht hell

würd ich Brot und alles teilen
was dann nicht mehr zählt
oder bin ich, die sich ruhig
einen Apfel schält

wer würde mich vermissen
wer stirbt mir hinterher
ich will das gar nicht wissen
erfahrs ja auch nicht mehr

Eines Abends werden wir uns treffen
an einem weithin leuchtenden Feuer
fernher die Lichter der eiligen Stadt
und wir suchen Ruhe, älter geworden
so weitschweifig nicht mehr, eher karg
reichen die Flasche reihum
brechen das Brot
Fisch wird geteilt, Fleisch aus der Glut
und den Kräutern geholt
Einer setzt an zu einer Rede
stockt und hält sie nicht
singen wir Lieder von unterwegs
die taugen für Münder in vielen Sprachen

Namen tauchen auf, die kennt jeder
der hat aufgegeben, sagen wir, ist in die Büsche
den hats erwischt, schnell und unverdient
die aber dürfen wir nie vergessen
wie nötig wär sie uns jetzt
wir vermissen einige, vielleicht kommen sie noch
nur nicht zu früh die Fehlenden betrauern
so wenig Junge, sagen wir und dann
ist es wie früher, wir streiten uns
woher dein graues Haar, der Zug um deinen
Mund
so hartes Wort hast du doch nie geführt
wir legen ein Scheit ins Feuer
da sehn die Gesichter weicher aus
für das Ziel haben wir kein Wort, bei dem alle
lächeln

es gibt keins, das uns alle eint
keins, mit dem jeder dasselbe meint
aber solch Erinnern sollte reichen, um zu gehn
und uns irgendwann wiederzusehn

Sohn
auf dich wartet
dass sie dich lieben werden
mehr als ihre Bequemlichkeit
ihre fragwürdige Freiheit
mehr als ihre Sprache, ihre Musik
und das, wovon sie leben

sie werden dich lieben
auch wenn du schreist
immer von nun an werden sie
auf dich warten
sobald du aufbrichst aus ihrer Obhut
immer für sie zu früh
immer fürchtend, du könntest sie vergessen

durch dich wird alles anders
nichts kehrt an seinen Ursprung zurück
auf dich warten ulkige Pelikane
Wale und der kleine Prinz
das ABC wirst du lernen
und dich rechtzeitig ein Stück entfernen

An Aussicht, sagst du, muss man immer glauben
besonders in meinem Alter
für meinen Job bin ich viel zu blass
du bist also unabkömmlich und wirst es sein
bis mich dein schwaches Lächeln grüßt
aus weißen Kissen, da liegst du dann
Kanüle in den Adern, Fremde werden etwas für
  dich tun
und ich hab meine zerfressende Schuld
man sieht ihn fast nie, aber wenn
er schläft ein, kaum dass man liegt, aber wenn nicht
immer eiliger stopft er alles unter einen Hut
muffelt bei Tisch, Klops oder Kloß
beides schmeckt ihm nach Pappe

unterm dünn gewordnen Haar, über seinem
manchmal grauen Mund mit den scharfen
  Magenfalten
sind diese wehrlosen Augen
mit dem Blick auf eine Zeit
da werden wir uns um das Staubtuch raufen

wir wollten einmal in den Sielen sterben
mit Atempausen, Gärtchen, ein paar Reisen
nun sind wir zu jung für die Rasenbank
für die Werkbank zu alt
wenn wir jetzt spurlos verschwinden
das wäre sozialverträglich
grad mal silberne Hochzeit und Liebe war es
  auch

Rache hast du ihm geschworen
solang du lebst, sei nichts vergessen
was durch ihn schmerzhaft gewesen ist
eure Speisen nie mehr essen
nichts tun, worin du der neben ihm ähnlich bist

bitter zeigst du auf den Mond
auch nicht mehr derselbe
dieser neidische gelbe
hat mitgelogen und mitgeküsst
die Haxen hab ich mir abgelaufen
und bei allem immer ihn geschont
alles lag auf mir, der Mann hat bräsig gethront

der Teppich ist von ihm, der dreckige
ich seh deine Fenster blind
umwachsne und speckige
hinter denen wir unsichtbar sind
war doch praktisch, sagst du
für das ganze verkommene heimliche Glück

Rache, sagst du
alles andre ist vertane Lebenszeit
dein Herz hältst du von nun an raus
wolln sehn, dir droht ein kaltes
verwachsenes Haus
kein Leben mehr unterm Dache
so wird sie sein, deine Rache
es hat dich doch niemand gezwungen
du bist in seinen Fluss gesprungen

hast dir seinen Schal umgeschlungen
wie einen Trauring die ganze Zeit
hast ihn niemals abgelegt
nun stehst du da, dürre und unbewegt
er ist zu Hause nicht abgesprungen
das ist dir nicht gelungen
es wär einfacher, tätest du mir leid

Die Rosen vom Juli sind verblüht
sie waren so weit
Rosenblätter fallen sacht
duften nach für eine Nacht
wie tief auch ihr Eisfinger grabt
ich hab diese Rosen gehabt

Die Rosen vom Juli schnitt keiner vom Strauch
sie welkten nicht im Glas
draußen zwischen Gras und Baum
ging der Wind durch ihren Raum
was immer ihr Blumen uns gabt
ich hab diese Rosen gehabt

Die Rosen, vom Frühtau getränkt
von Sonnenstrahlen versengt
brachen auf und taten groß
auch der Sturm riss sie nicht los
der Regen hat sie nur gelabt
ich hab diese Rosen gehabt

die eine nur leg ich ins Buch
da bleibt sie dunkelrot
die Erfahrung nehm ich mit
Rosen brauchen keinen Schnitt
hektisch bin ich durchs Jahr getrabt
doch ich hab diese Rosen gehabt

Um Mitternacht
wenn die Müdigkeit erwacht
der Atem allmählich verflacht
reiß ich mir die Maske ab
hinter der ich dir was vorgespielt hab

Um Mitternacht
wenn ich nicht die Starke bin
leg ich meine Karten hin
die beiden Neunen und die Acht

Um Mitternacht
will ich noch fragen, wie es dir geht
nun schlaf, sagst du, es ist schon spät
dann zähl ich die Kisten meiner Fracht

segelst du fort, aufs weite Meer
nie passt die Frage hin oder her
vielleicht jagst du dunkle Gestalten
nie gelingt es mir, dich aufzuhalten

Ich bin nicht mehr, die ich war
alles an mir
hat Veränderung erfahren
aber ich habe dich immer geliebt
auch im Zorn, manchmal in kühler Wut
ich habe immer gewusst
dass es dich nah an meiner Seite gibt
ich habe dich immer geliebt
mir war auch immer vor dir bange
das war für uns beide gut
irgendwann müssen wir scheiden
lass mich vorher noch lange
manchmal so schön an dir leiden

*M*eine anstrengende Liebe
wie war ich müde
ihrer Beständigkeit
alle Worte waren schon gesagt
ich war den Kummer so leid

aber wie lassen die Jahre sich trennen
bei soviel geknüpfter Vergangenheit
der gleiche Gedanke entstand bei beiden
oft zur selben Zeit

vielleicht ist er auch müde an mir
beginnt, ob der Dauer zu schwanken
sehnt sich nach ein bisschen Vergänglichkeit
stat sich unentwegt zu bedanken

*W*interlich winterlich
immer zu bald
winterlich winterlich
jede vermummte Gestalt

Schnee trieb von Bänken
die Glückskinder weg
die fanden winterlich
warmes Versteck

Wieder ein Frühling
ein Sommer dahin
ich spür, dass ich nicht nur
ein Jahr älter bin

Winterlich winterlich
schwarzes Geäst
tiefgrauer Winter
Zeit für ein Fest

Das Jahr steigt auf
schwerfällig geh ich mit
die Sünden musst ich büßen
mit winterkalten Füßen
doch frühes Gras ahnt keinen Schnitt

Ein ganzes Jahr
vorbei an Lebenszeit
auch wenn ich mich gut wehrte
bleibt im Gesicht die Fährte
was immer neu ist, die lebt mit

Komm, Frühling, komm
gib mir einen Stoß
von grimmer Zeit genesen
bestärke mich im Wesen
und weck mir Neid auf deinen Schoß

Wie der Lenz uns neckt und foppt
der nicht mal die Eisheiligen übersteht
in der Schafskälte duftlos vergeht
ganz Werder ist ein Traum in weißer Spitze
welch verschwenderische Art
im Herbst werden die Äpfel aus Tirol hergekarrt
das Volk reißt darüber seine Witze
wenn sogar die nüchterne Napoleonspappel tut
als hätte sie was von der bunten Flut

aber der durchdringende Flieder
vor dem fall ich auf die Knie
mich hat der Esel nicht im Galopp verlorn
mitten im Mai wurde ich geborn
ein Stier, treue sparsame Wesen
es gibt keinen weiblichen Stier
eine Kuh bin ich, ein ziemlich blödes Tier
wie sollte ich am Lenz genesen
ein bisschen Hoffnung bleibt immer
bin oft genug aus Kälte aufgebrochen
vor keiner Blüte hab ich mich verkrochen
der Frühling stiftets, der Winter trennts ?
Gib nach, altes Herz, wenns blüht, dann brennts

Gestern hab ich gesehn
dass du älter wirst
und wieviel Ängste du hast

Aus meinen Händen
hab ich ein Herz gemacht
und dich in die Höhle geschickt
du hast dich widerwillig zurechtgerückt
und obwohl hineingepasst
noch eine Weile sperrig bewegt
dann aber wohlig gelegt
für eine ganze warme Nacht

Nächsten Mittag lag dein Arm
um meine Schulter, welch liebe Last
als du zu mir herabgeblickt hast
und sagtest, was ich wann und wie machen soll
es war wundervoll
wie wir da durchs Rote Meer gewandert sind
du als Moses und ich als dein blindes Kind

*I*ch blieb immer nah genug
auf deiner unruhigen Spur
manchmal nur
eh ich wusste, was die Stunde schlug
bist du gegangen, wohin es dich trug

Es hat uns kein Schwur vereint
doch war ich keine Seemannsbraut
ungetraut
nein, das hattest du nie so gemeint
Kommen und Gehen, bevor eine weint

Es gab nie ein klares Wort
später vielleicht, oder doch nur Verzicht
Flackerlicht
ich war immer hier und du meist dort
so alterten wir uns fort

Ich hab nachts
das Lied noch mal gehört
und danach
die Platte zerstört

Ich hab abends
ein Bild von uns verbrannt
die Fetzen, klein
behielt ich in der Hand

Du hast mir damals
eine Rose geschickt
die habe ich gestern
zerknickt

Ich habe dann
unsre Briefe angekohlt
das Feuer gelöscht
die Seiten rausgeholt

da ich dich nicht lieben darf
brauch ich Krallen, lang und scharf
die verletzen mich
und immer noch liebe ich dich

Als der Sonntag verging
einfach verging
sah sie, dass am Himmel
blauweiß ein Sternennetz hing

nicht mal ein Brief, kein Gruß
kein Anruf, zärtlich angeraut
gib auf, dachte sie, endlich tu's
es gäbe ein Hund ja mehr Laut

aber dann hoffte sie
es geht ihm sicher schlecht
wer weiß, was an ihm nagt
wär ihm an mir was nicht recht
das hätt er mir doch gesagt

Als der Abend verging
einfach verging
sah sie, dass am Himmel
eine Clownsmaske hing

Alt sein ist anders
als Älterwerden
mit all seinem ungeleugneten Gewinn
wir sehen anders aus und anders hin
nur der erschlaffte Sinn
nur das ausgeleierte Herz
suchen nach Verweigerung
es tut ihnen gut, all die Steigerung
der täglichen Beschwerden
sie hoffen, nicht mehr belästigt zu werden

Auf dem nächsten Hügel angekommen
leichtfüßig oder beschwerlich
immerhin erklommen
lassen wir uns die Frisur verwehn
um ruhig ins Weite zu sehn

die Wipfel schwingen uns zu
und in keinem noch
in keinem
atmet schon Ruh

Das Jahr ist fort
vergangen hört sich an wie fortgegangen
war nicht das Jahr der Jahre
zurück will kein Verlangen
und wenig drängt mich zum Rapport

mir ist, als ob ichs leichter räum
als ich sonst Abschied denke
und manches einfach weiterträum
statt ungetan versenke

Wir wärn beinah gestorben
an viel verlognen Worten
an zugeknallten Pforten
zugleich knallbunt umworben

Was war denn nur das Schöne dran
am Jahr ohne Verfasser
die Mühe, all dieses Gerenn
da wurden die Ängste blasser

Ein schräger Blick zum Teppichrand
den hat wer hochgebogen
mit frevlerischer Hand
oder haben wir zuviel druntergelogen
was wir einander verschwiegen
da kann der Teppich nicht grade liegen

für Momente setzt die Kraft mir aus
leere Seiten füllen das gilbende Buch
wächst uns der Schimmel im Haus
mählich ein muffiger Geruch
des Zwiespalts bin ich mir bewusst
alles aussprechen als wär es dadurch besser
zuviel Wahrheit ist ein scharfes Messer

Im Urgrund
bieten die Steine
ihren Widerstand
wenn du vorübergehst
leg ein Steinchen, das deine
auf unseren Efeurand
Erinnern macht dir die weiche Träne
lass sie falln, aber dann geh weiter
so schön, so jung
zu uns hinab gibts keine Leiter
das Leben schüttelt seine Mähne
bei uns kannst du nicht liegen
ein Prinz kommt, als silberner Reiter
dem musst du entgegenfliegen
ich leg mich näher zu dem meinen hin
heilfroh, dass ich nicht mehr auf Trebe bin

Inhaltsverzeichnis

Gisela Steineckert

Das Schöne an den Frauen

Frauen haben andere Lebensphasen als Männer und also eine andere Vorstellung vom Glück, empfinden auch Druck anders. Von Hirngespinsten wenden sie sich ab, nicht ohne sie vorher in ihrer Phantasie ausschweifend zu genießen ... In der Arbeit kommen sie schnell auf den Punkt, in ihren Irrtümern ewig nicht. In ihren wichtigsten Jahren sind Frauen immer so in Eile, dass sie nicht einmal die Angst vor dem Zahnarzt in aller Ruhe genießen können. Frauen sind alles ganz und gar, oder gar nichts. Auch das ist das Schöne an ihnen. Sie sind die Knospe, das Früchtchen, die Begehrliche, die mit der verruchten Phantasie, gleichwohl vom Einzigen träumend. Sie schlagen sich durch, krabbeln wieder hoch, halten stand, stecken ihre Niederlagen unter die Triumphe, auch wenn das eine wie das andere nicht von Dauer ist. Als Bräutliche, als Verlassene, als Angeschmierte, sie sind es immer ganz. Frauen können nicht ohne Liebe leben und versuchen tapfer, es manchmal selber zu glauben.

224 Seiten, gebunden, 24,90 DM
ISBN 3-360-00898-7